Buchstaben und Zahlen
Schreiben Lernen
ab 4 Jahren

Dieses Buch gehört:

_ _ _ _ _ _ _ _ _ _ _ _ _ _ _

_ _ _ _ _ _ _ _ _ _ _ _ _ _ _

SCHULSTAR

Los gehts:

Gebraucht wird ein dunkler oder schwarzer Stift, zum Beispiel ein Bleistift (Härtegrad B), ein Radiergummi, Buntstifte und wenn Ihr Kind gerne bastelt auch Schere und Kleber.

1.

Lernen

Einfach die gepunkteten Buchstaben und Zahlen mit dem Bleistift nachfahren.

2.

Malen

Danach kann das Kind die enthaltenen Bilder mit bunten Stiften ausmalen.

3.

Spielen und Basteln

Im hinteren Teil des Buches befinden sich Labyrinthe, Lernspiele, Punkte verbinden mit Buchstaben und Zahlen, erste Rechen- und Wortsuchaufgaben sowie Ausmalbilder, wenn diese ausgemalt sind, können diese beliebig ausgeschnitten und auf andere Bilder geklebt werden.

Steigern Sie langsam die Konzentrationsfähigkeit Ihres Kindes, damit es Freude am Lernen und Üben behält.

Ideale Zeitspanne der Konzentration:
4-5 Jahre: 10 Minuten
5-7 Jahre: 15 Minuten
7-8 Jahre: 20 Minuten

SCHULSTAR

Buchstaben
Schreiben Lernen

AB 4 JAHREN

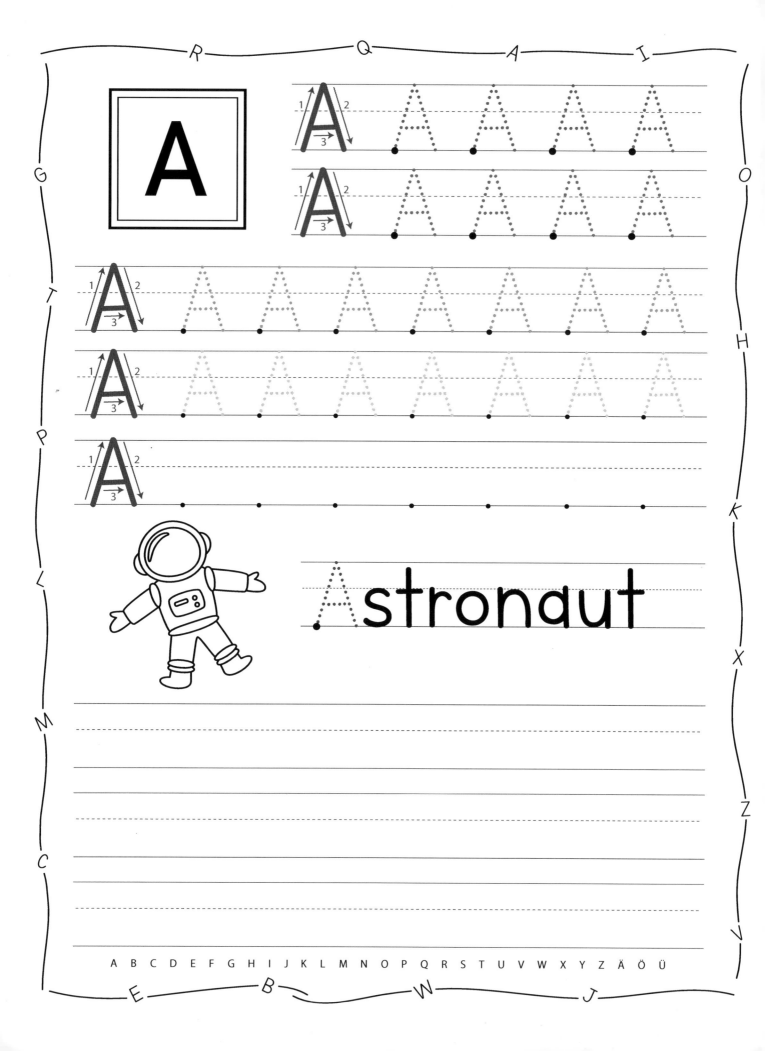

A

Astronaut

A B C D E F G H I J K L M N O P Q R S T U V W X Y Z Ä Ö Ü

R Q A I
G O
T H
P K
L X
M Z
C V

A B C D E F G H I J K L M N O P Q R S T U V W X Y Z Ä Ö Ü

E B W J

a

Ananas

a b c d e f g h i j k l m n o p q r s t u v w x y z ä ö ü ß

a b c d e f g h i j k l m n o p q r s t u v w x y z ä ö ü ß

B

Blume

A B C D E F G H I J K L M N O P Q R S T U V W X Y Z Ä Ö Ü

R Q A I

G

T

P

L

M

C

O

H

K

X

Z

A B C D E F G H I J K L M N O P Q R S T U V W X Y Z Ä Ö Ü

E B W J

b

b b b b

b b b b

b b b b b b b

b b b b b b b

Krabbe

a b c d e f g h i j k l m n o p q r s t u v w x y z ä ö ü ß

r   d   q   i

a b c d e f g h i j k l m n o p q r s t u v w x y z ä ö ü ß

e   b   w   j

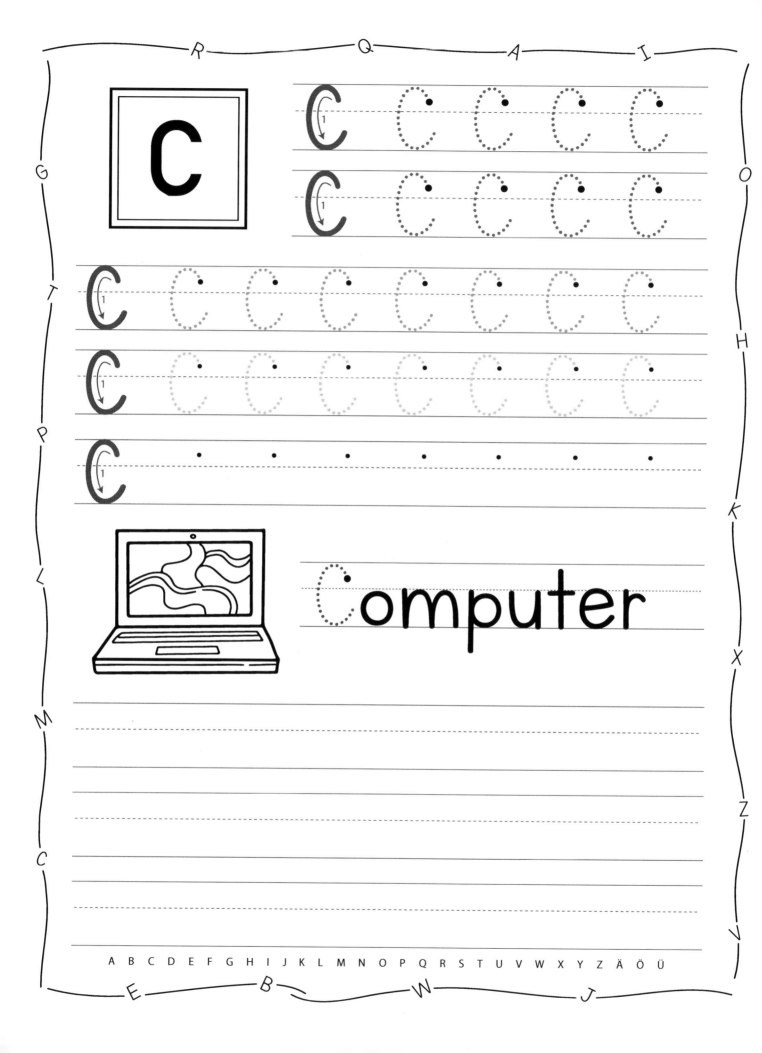

C

C C C C C
C C C C C
C C C C C C C
C C C C C C C
C · · · · · · ·

Computer

R   Q   A   I

G   O

T   H

P   K

L   X

M   Z

C   V

A B C D E F G H I J K L M N O P Q R S T U V W X Y Z Ä Ö Ü

E   B   W   J

R Q A I

G

T

P

L

M

C

O

H

K

X

Z

V

A B C D E F G H I J K L M N O P Q R S T U V W X Y Z Ä Ö Ü

E B W J

C

c c c c c

c c c c c

c c c c c c c c

c c c c c c c c

c · · · · · · · ·

Schildkröte

a b c d e f g h i j k l m n o p q r s t u v w x y z ä ö ü ß

a b c d e f g h i j k l m n o p q r s t u v w x y z ä ö ü ß

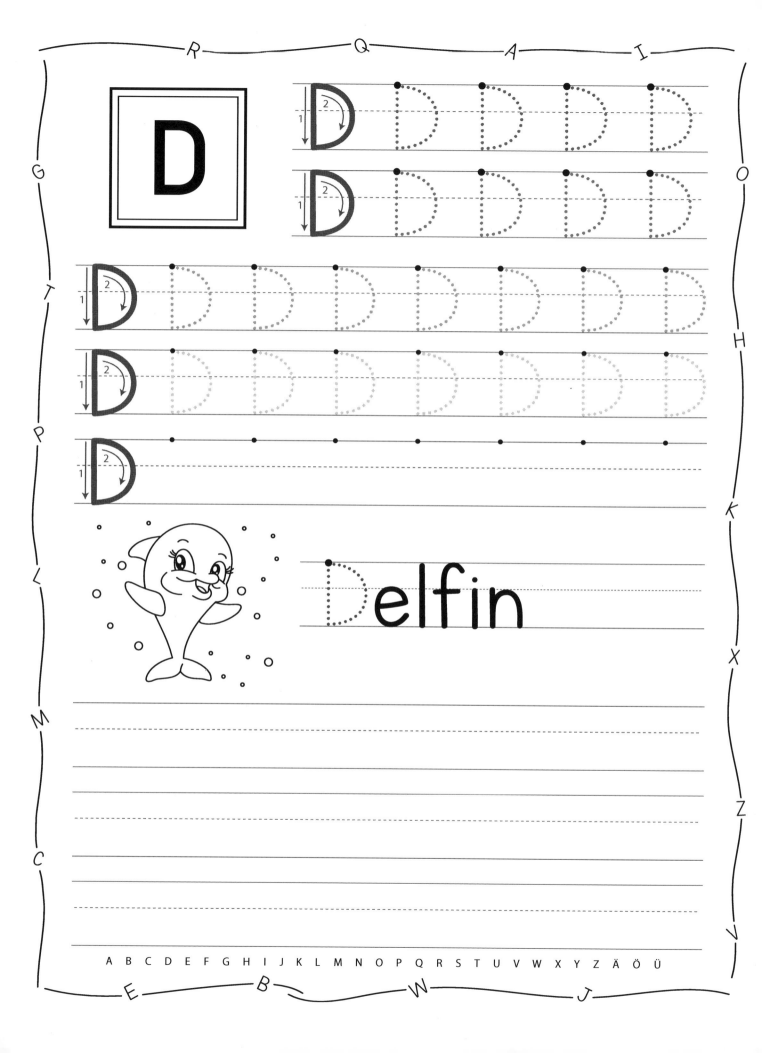

D

Delfin

A B C D E F G H I J K L M N O P Q R S T U V W X Y Z Ä Ö Ü

R Q A I

G

O

T

H

P

K

L

X

M

Z

C

A B C D E F G H I J K L M N O P Q R S T U V W X Y Z Ä Ö Ü

E B W J

V

d

2

2

2

2

2

Kind

a b c d e f g h i j k l m n o p q r s t u v w x y z ä ö ü ß

E

Engel

A B C D E F G H I J K L M N O P Q R S T U V W X Y Z Ä Ö Ü

R Q A I

G

T

P

L

M

C

O

H

K

X

Z

V

A B C D E F G H I J K L M N O P Q R S T U V W X Y Z Ä Ö Ü

E B W J

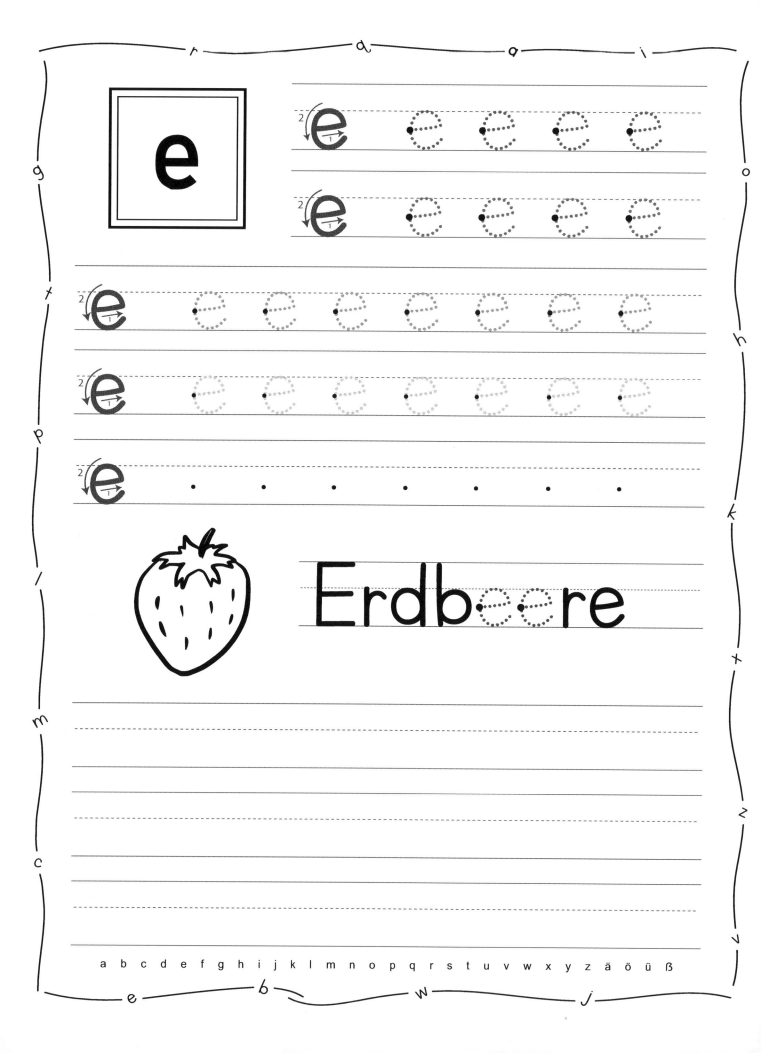

e

Erdbeere

r　　a　　a　　i

g

x

p

l

m

c

o

h

k

t

z

a b c d e f g h i j k l m n o p q r s t u v w x y z ä ö ü ß

e　　b　　w　　j

F

Fahrrad

A B C D E F G H I J K L M N O P Q R S T U V W X Y Z Ä Ö Ü

R   Q   A   I

G

O

T

H

P

K

L

X

M

C

Z

A B C D E F G H I J K L M N O P Q R S T U V W X Y Z Ä Ö Ü

E   B   W   J

f

Affe

r　　　　a　　　　a　　　　i

g

f

p

l

m

c

o

h

k

t

z

v

a b c d e f g h i j k l m n o p q r s t u v w x y z ä ö ü ß

e　　　　b　　　　w　　　　j

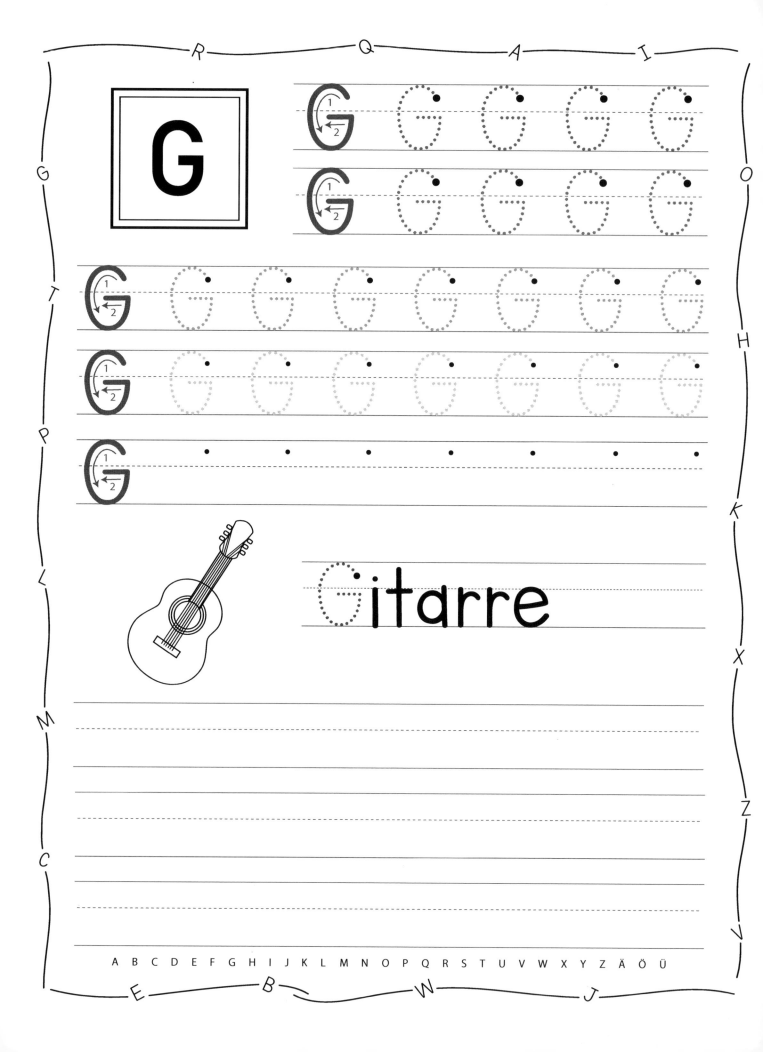

G

Gitarre

R Q A I G O T H P K L X M Z C V E B W J

A B C D E F G H I J K L M N O P Q R S T U V W X Y Z Ä Ö Ü

R   Q   A   I

G

T

P

L

M

C

O

H

K

X

Z

V

A B C D E F G H I J K L M N O P Q R S T U V W X Y Z Ä Ö Ü

E   B   W   J

g

g g g g

g g g g

g g g g g g g

g g g g g g g

g

Tiger

a b c d e f g h i j k l m n o p q r s t u v w x y z ä ö ü ß

H

Hase

R Q A I

G

T

P

L

M

C

O

H

K

X

Z

V

A B C D E F G H I J K L M N O P Q R S T U V W X Y Z Ä Ö Ü

E B W J

h

h h h h

h h h h

h h h h h h h

h h h h h h

h

Kuchen

r d a i

g
o

t
h

p
k

l
t

m
n

c
v

a b c d e f g h i j k l m n o p q r s t u v w x y z ä ö ü ß

e b w j

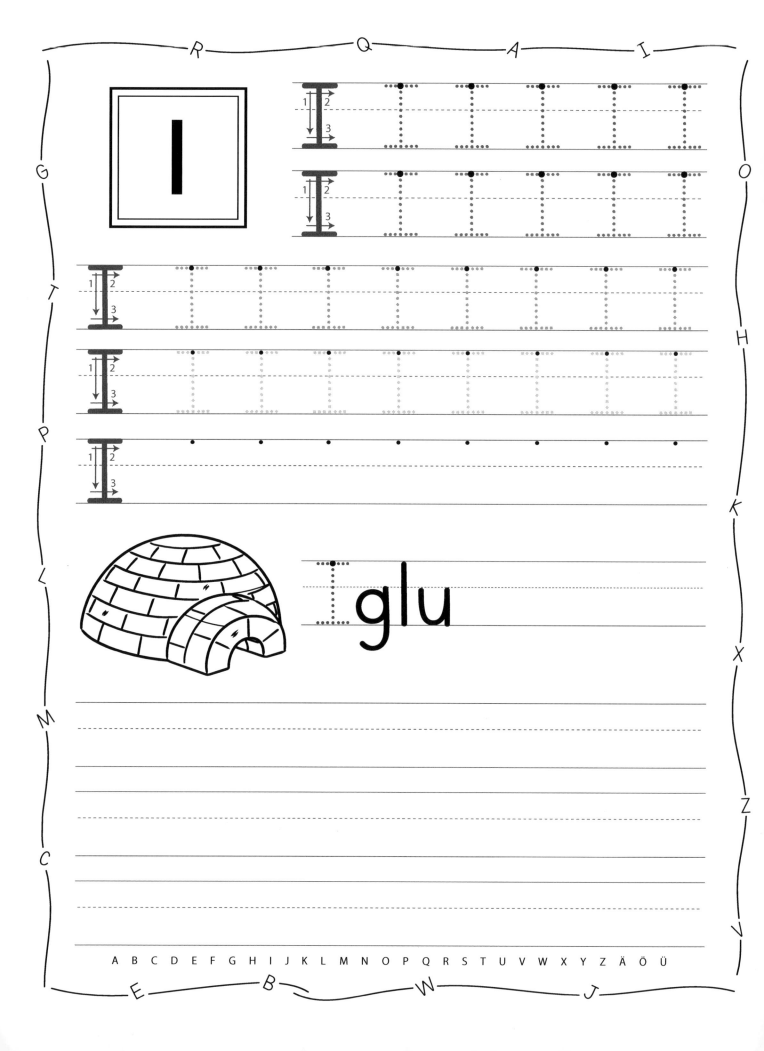

Iglu

R   Q   A   I

G   O

T   H

P   K

L   X

M   Z

C   V

A B C D E F G H I J K L M N O P Q R S T U V W X Y Z Ä Ö Ü

E   B   W   J

i

Familie

a b c d e f g h i j k l m n o p q r s t u v w x y z ä ö ü ß

a b c d e f g h i j k l m n o p q r s t u v w x y z ä ö ü ß

R Q A I
G O
T H
P
L K
X
M Z
C
E B W J

J

J-O - J-O

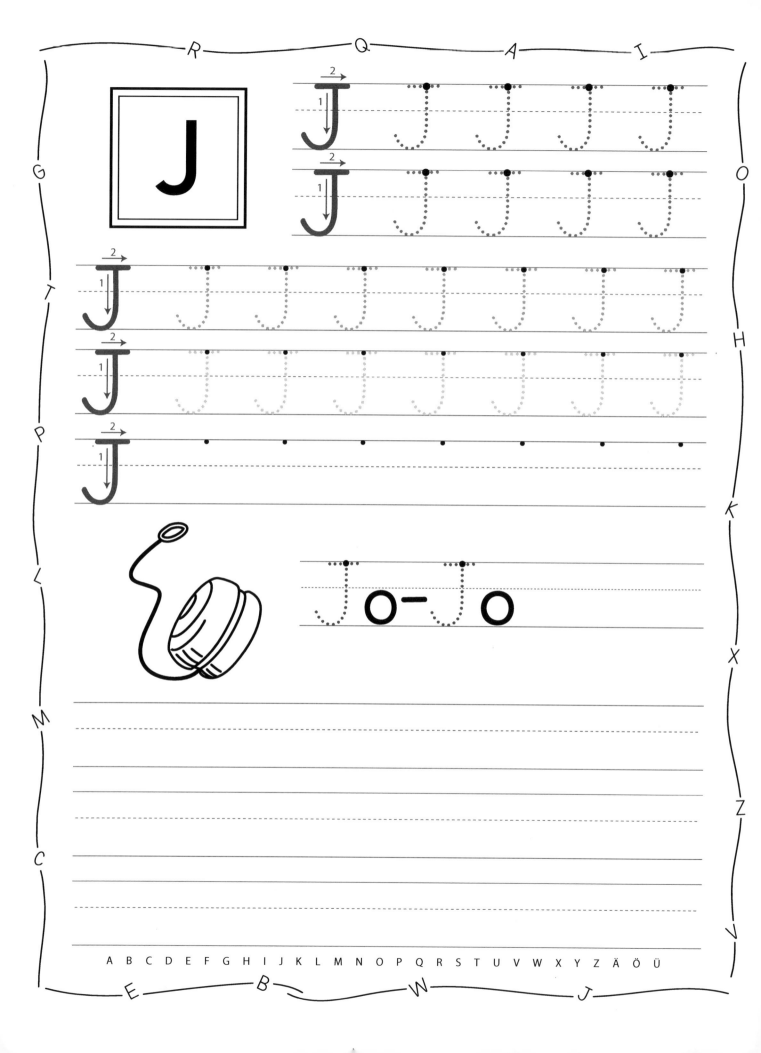

A B C D E F G H I J K L M N O P Q R S T U V W X Y Z Ä Ö Ü

R Q A I

G

T

P

L

M

C

O

H

K

X

Z

A B C D E F G H I J K L M N O P Q R S T U V W X Y Z Ä Ö Ü

E B W J

j

j   J   J   J   J

j   J   J   J   J

J   J   J   J   J   J   J   J

J   J   J   J   J   J   J   J

J   •   •   •   •   •   •

Kajak

r   d   a   i

g   o

x   h

p   k

                                                 t

m   z

c   v

a b c d e f g h i j k l m n o p q r s t u v w x y z ä ö ü ß

e   b   w   j

K

Karotte

R Q A I
G O
T H
P K
L X
M Z
C V
A B C D E F G H I J K L M N O P Q R S T U V W X Y Z Ä Ö Ü
E B W J

R Q A I

G

O

T

H

P

K

L

X

M

Z

C

A B C D E F G H I J K L M N O P Q R S T U V W X Y Z Ä Ö Ü

E B W J

k

k k k k

k k k k

k k k k k k k k

k k k k k k k k

Brücke

g

x

p

l

m

c

o

h

k

t

z

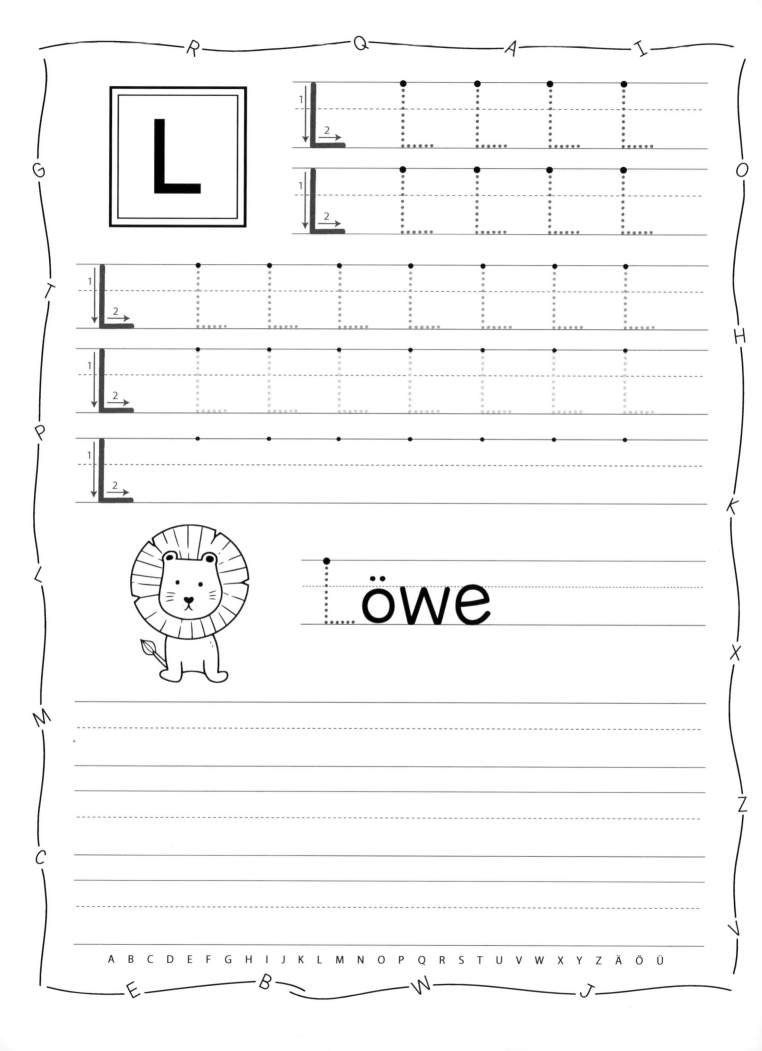

öwe

R Q A I

G

O

T

H

P

L

K

M

X

C

Z

J

A B C D E F G H I J K L M N O P Q R S T U V W X Y Z Ä Ö Ü

E B W J

l

Ballett

r   d   q   i

g   f   p   l   m   c

o   h   k   t   z   v

a b c d e f g h i j k l m n o p q r s t u v w x y z ä ö ü ß

e   b   w   j

M

M M M M

M M M M

M M M M M M

M M M M M M

Marienkäfer

A B C D E F G H I J K L M N O P Q R S T U V W X Y Z Ä Ö Ü

R Q A I

G
T
P
L
M
C

O
H
K
X
Z
V

A B C D E F G H I J K L M N O P Q R S T U V W X Y Z Ä Ö Ü

E B W J

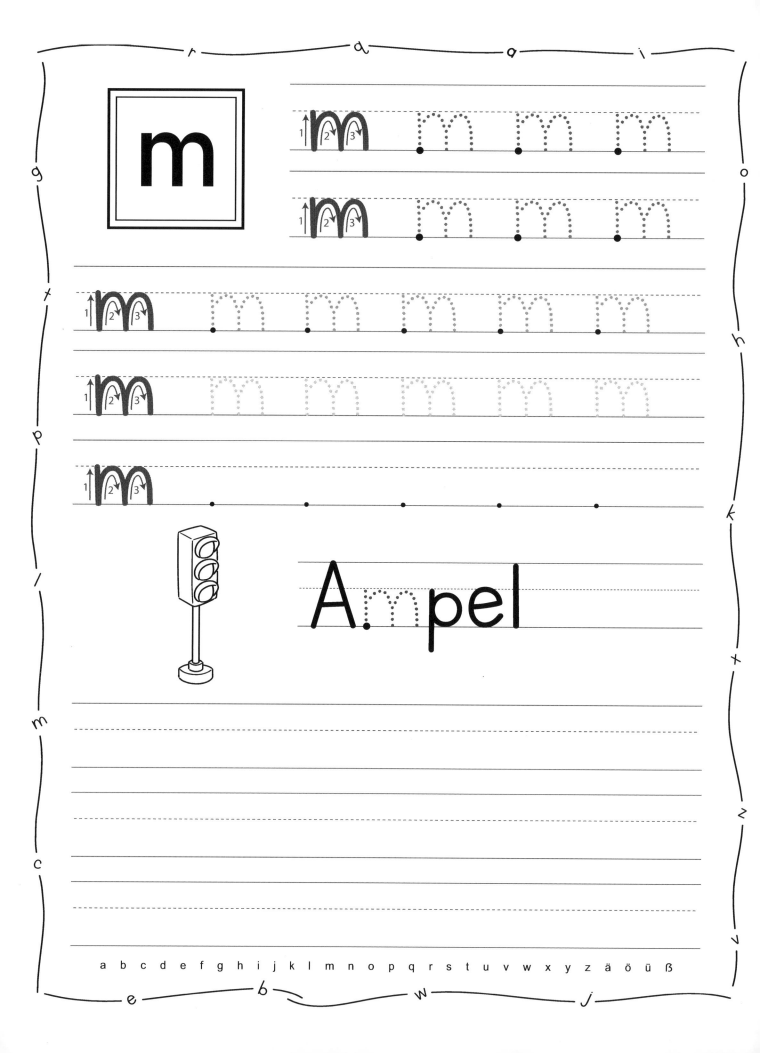

m

m m m

m m m

m m m m m

m m m m m

A m pel

r   q   a   i

g   o

f   h

p   k

l   t

m   z

c   v

e   b   w   j

a b c d e f g h i j k l m n o p q r s t u v w x y z ä ö ü ß

a b c d e f g h i j k l m n o p q r s t u v w x y z ä ö ü ß

N

N N N N

N N N N

N N N N N N N

N N N N N N N

N N N N N N N

Nilpferd

R Q A I

G

T

P

L

M

C

O

H

K

X

Z

A B C D E F G H I J K L M N O P Q R S T U V W X Y Z Ä Ö Ü

E B W J

n

n n n n

n n n n

n n n n n n

n n n n n n

Banane

a b c d e f g h i j k l m n o p q r s t u v w x y z ä ö ü ß

O

Osterhase

R   Q   A   I

G

O

T

H

P

K

L

X

M

Z

C

V

A B C D E F G H I J K L M N O P Q R S T U V W X Y Z Ä Ö Ü

E   B   W   J

O

Oktopus

a b c d e f g h i j k l m n o p q r s t u v w x y z ä ö ü ß

a b c d e f g h i j k l m n o p q r s t u v w x y z ä ö ü ß

P

P P P P P
P P P P P
P P P P P P P
P P P P P P P
P

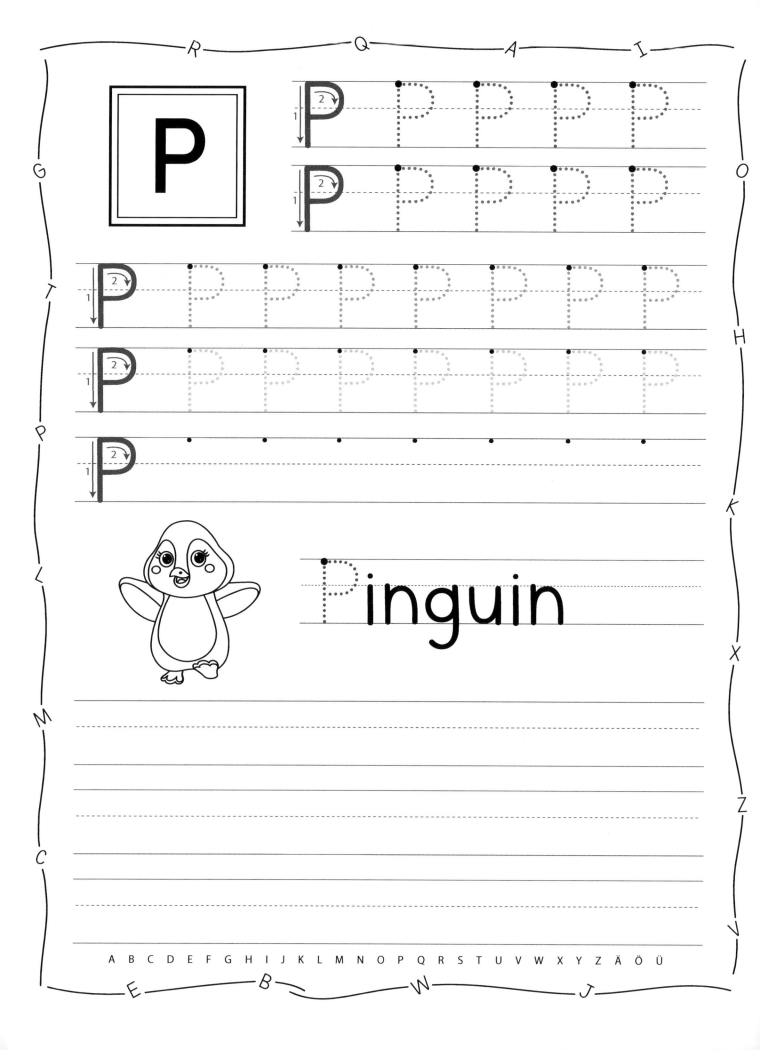

Pinguin

R Q A I

G O

T H

P K

L X

M Z

C V

A B C D E F G H I J K L M N O P Q R S T U V W X Y Z Ä Ö Ü

E B W J

p

p p p p

p p p p

P P P P P P P P

p p p p p p p p

Kappe

a b c d e f g h i j k l m n o p q r s t u v w x y z ä ö ü ß

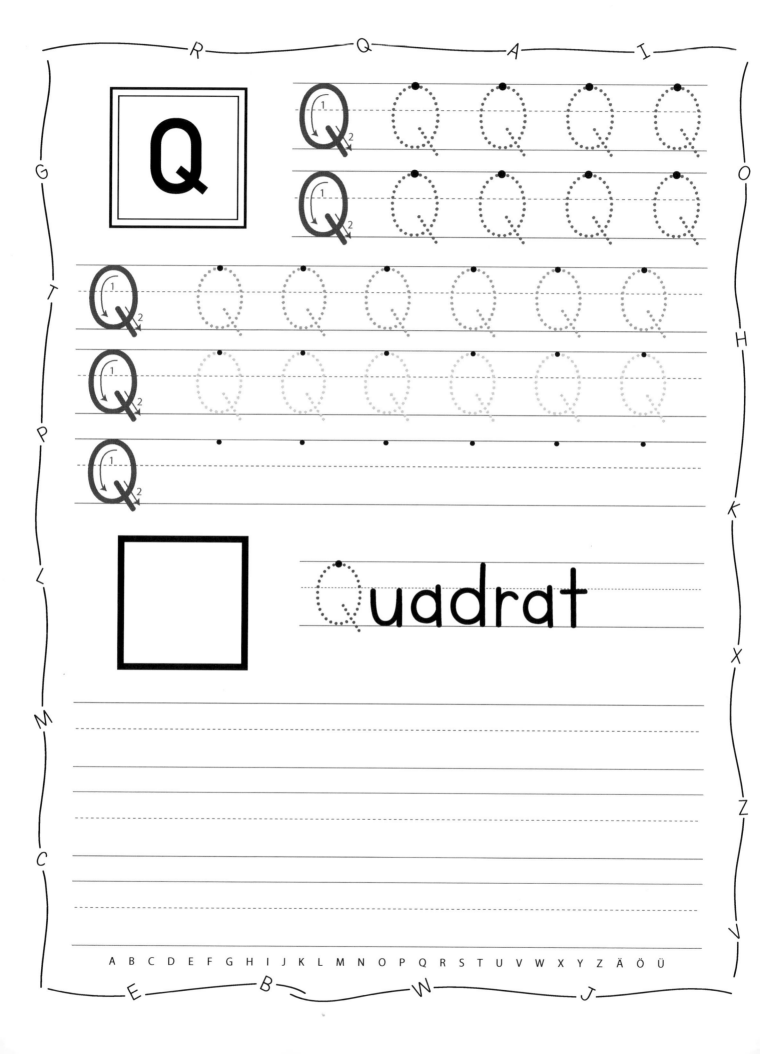

R · Q · A · I · G · O · T · H · P · K · L · X · M · Z · C · V

Quadrat

A B C D E F G H I J K L M N O P Q R S T U V W X Y Z Ä Ö Ü
E · B · W · J

R Q A I

G O

T H

P K

L X

M Z

C

A B C D E F G H I J K L M N O P Q R S T U V W X Y Z Ä Ö Ü

E B W J

q

q q q q

q q q q

q q q q q q q

q q q q q q q

. . . .

Aquarium

a b c d e f g h i j k l m n o p q r s t u v w x y z ä ö ü ß

R

R R R R R

R R R R R

R R R R R R R

R R R R R R R

R

Rakete

r

r r r r r r

r r r r r r

r r r r r r r r r r

r r r r r r r r r r

r

Motorrad

a b c d e f g h i j k l m n o p q r s t u v w x y z ä ö ü ß

S

S S S S S

S S S S S

S S S S S S S

S S S S S S S

S

Sonne

R Q A I
G
O
T
H
P
K
L
X
M
Z
C
V

A B C D E F G H I J K L M N O P Q R S T U V W X Y Z Ä Ö Ü

E B W J

s

s s s s s s

s s s s s s

s s s s s s s s

s s s s s s s s

s

Fluss

r a a i

g

t

p

l

m

c

a b c d e f g h i j k l m n o p q r s t u v w x y z ä ö ü ß

e   b   w   j

o

h

k

t

z

v

T

T T T T

T T T T

T T T T T T T T

T T T T T T T T

T T T T T T T

Torte

R Q A I

G

O

T

H

P

K

L

X

M

Z

C

A B C D E F G H I J K L M N O P Q R S T U V W X Y Z Ä Ö Ü

E B W J

t

Blatt

a b c d e f g h i j k l m n o p q r s t u v w x y z a ö ü ß

a b c d e f g h i j k l m n o p q r s t u v w x y z ä ö ü ß

U

Ufo

A B C D E F G H I J K L M N O P Q R S T U V W X Y Z Ä Ö Ü

R Q A I

G
T
P
L
M
C

O
H
K
X
Z
V

A B C D E F G H I J K L M N O P Q R S T U V W X Y Z Ä Ö Ü

E B W J

u

u u u u

u u u u

u u u u u u u

u u u u u u u

u

Zug

a b c d e f g h i j k l m n o p q r s t u v w x y z ä ö ü ß

a b c d e f g h i j k l m n o p q r s t u v w x y z ä ö ü ß

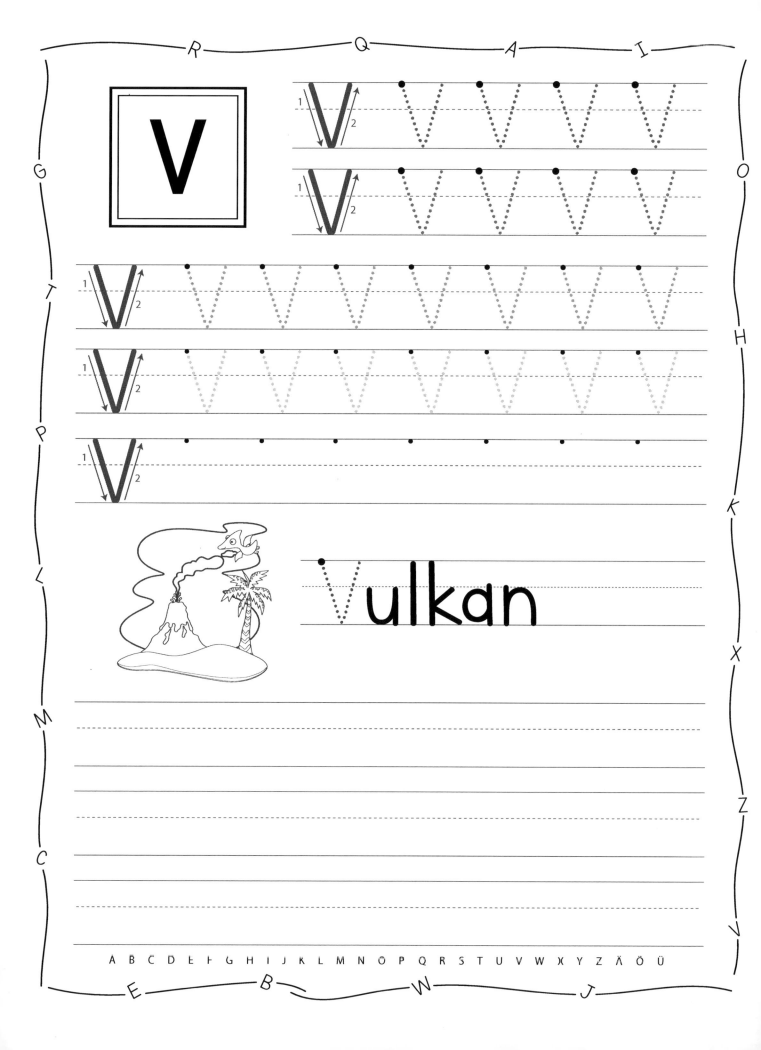

V

Vulkan

A B C D E F G H I J K L M N O P Q R S T U V W X Y Z Ä Ö Ü

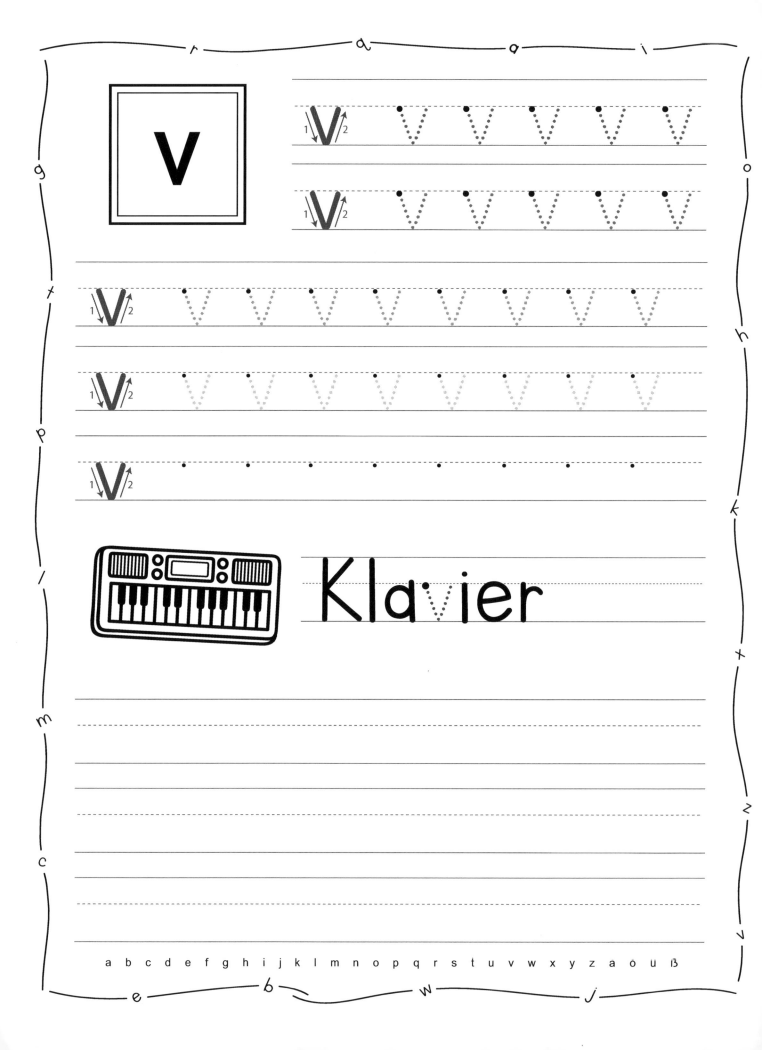

V

Klavier

a b c d e f g h i j k l m n o p q r s t u v w x y z a ö ü ß

a b c d e f g h i j k l m n o p q r s t u v w x y z ä ö ü ß

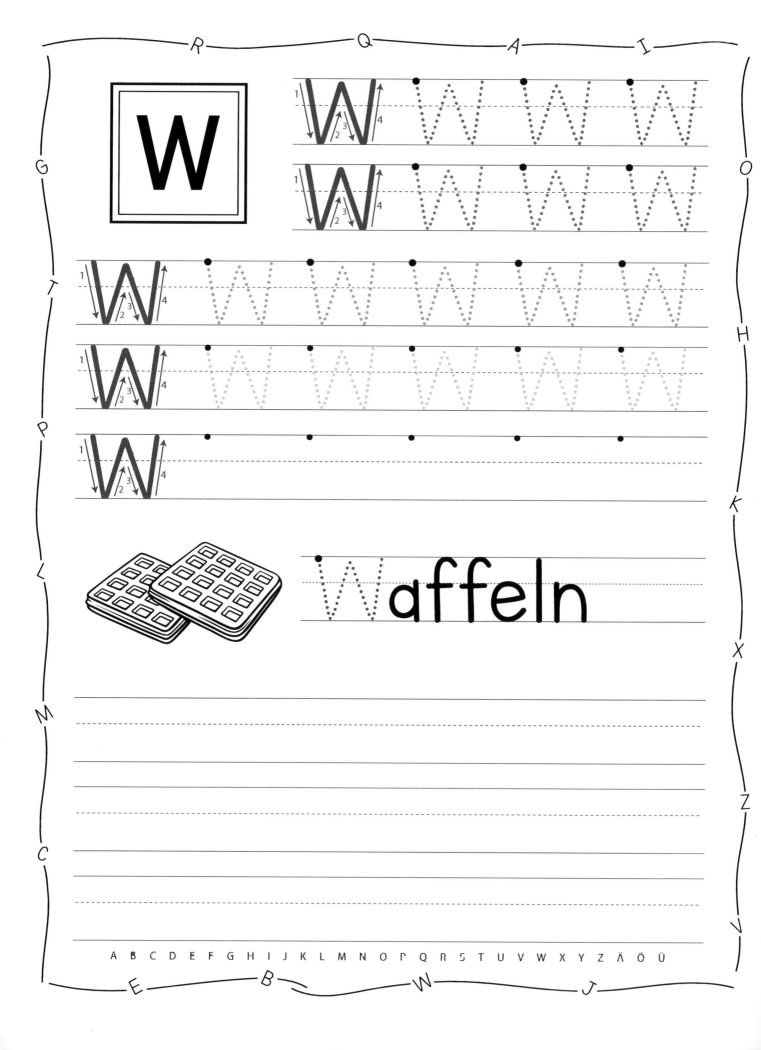

Waffeln

A B C D E F G H I J K L M N O P Q R S T U V W X Y Z Ä Ö Ü

R Q A I

G

T

P

L

M

C

O

H

K

X

Z

V

A B C D E F G H I J K L M N O P Q R S T U V W X Y Z Ä Ö Ü

E B W J

W

W W W W W

W W W W W

W W W W W W

W W W W W W

W W W W W W

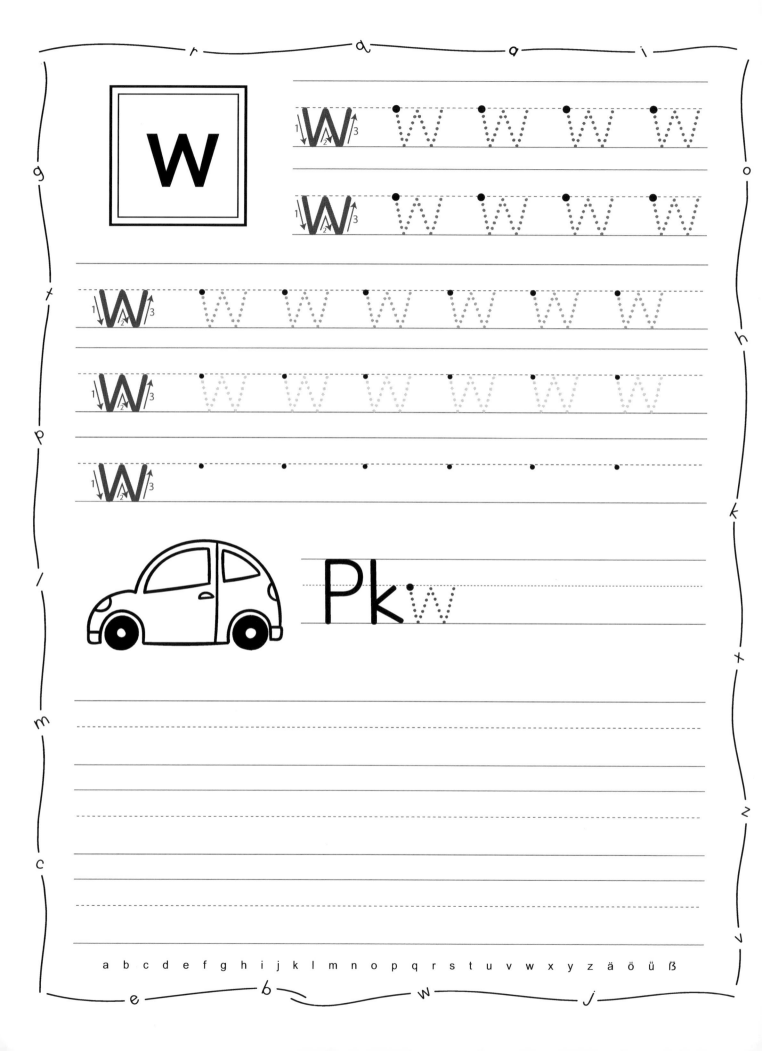

Pkw

r　　　　q　　　　a　　　　i

g

f

p

l

m

c

o

h

k

t

z

v

a b c d e f g h i j k l m n o p q r s t u v w x y z ä ö ü ß

e　　　　b　　　　w　　　　j

X

Xylophon

R Q A I

G

T

P

L

M

C

O

H

K

X

Z

A B C D E F G H I J K L M N O P Q R S T U V W X Y Z Ä Ö Ü

E B W J

X

X X X X X X
X X X X X X
X X X X X X X X
X X X X X X X X
· · · · · · ·

Saxofon

a b c d e f g h i j k l m n o p q r s t u v w x y z ä ö ü ß

Y

Yacht

R Q A I

G

O

T

H

P

K

L

X

M

Z

C

V

A B C D E F G H I J K L M N O P Q R S T U V W X Y Z Ä Ö Ü

E B W J

y

Baby

a b c d e f g h i j k l m n o p q r s t u v w x y z ä ö ü ß

Z

Z Z Z Z Z Z

Z Z Z Z Z Z

Z Z Z Z Z Z

Z Z Z Z Z Z

Z

Zauberer

R Q A I

G

O

T

H

P

K

L

X

M

Z

C

V

A B C D E F G H I J K L M N O P Q R S T U V W X Y Z Ä Ö Ü

E B W J

Z

z z z z z z

z z z z z z

z z z z z z z z

z z z z z z z z

Pizza

a b c d e f g h i j k l m n o p q r s t u v w x y z ä ö ü ß

Ä

Ä ffchen

A B C D E F G H I J K L M N O P Q R S T U V W X Y Z Ä Ö Ü

R Q A I

G

T

P

L

M

C

O

H

K

X

Z

A B C D E F G H I J K L M N O P Q R S T U V W X Y Z Ä Ö Ü

E B W J

ä

3 4
ä ö ö ö ö

3 4
ä ö ö ö ö

3 4
ä ö ö ö ö ö ö ö

3 4
ä ö ö ö ö ö ö ö

3 4
ä • • • • • • •

Känguru

a b c d e f g h i j k l m n o p q r s t u v w x y z ä ö ü ß

Ö

Öffner

R Q A I

G

O

T

H

P

K

L

X

M

Z

C

V

A B C D E F G H I J K L M N O P Q R S T U V W X Y Z Ä Ö Ü

E B W J

Ö

Eichhörnchen

a b c d e f g h i j k l m n o p q r s t u v w x y z ä ö ü ß

r a a i

g

x

p

l

m

c

o

h

k

t

z

v

a b c d e f g h i j k l m n o p q r s t u v w x y z ä ö ü ß

e b w j

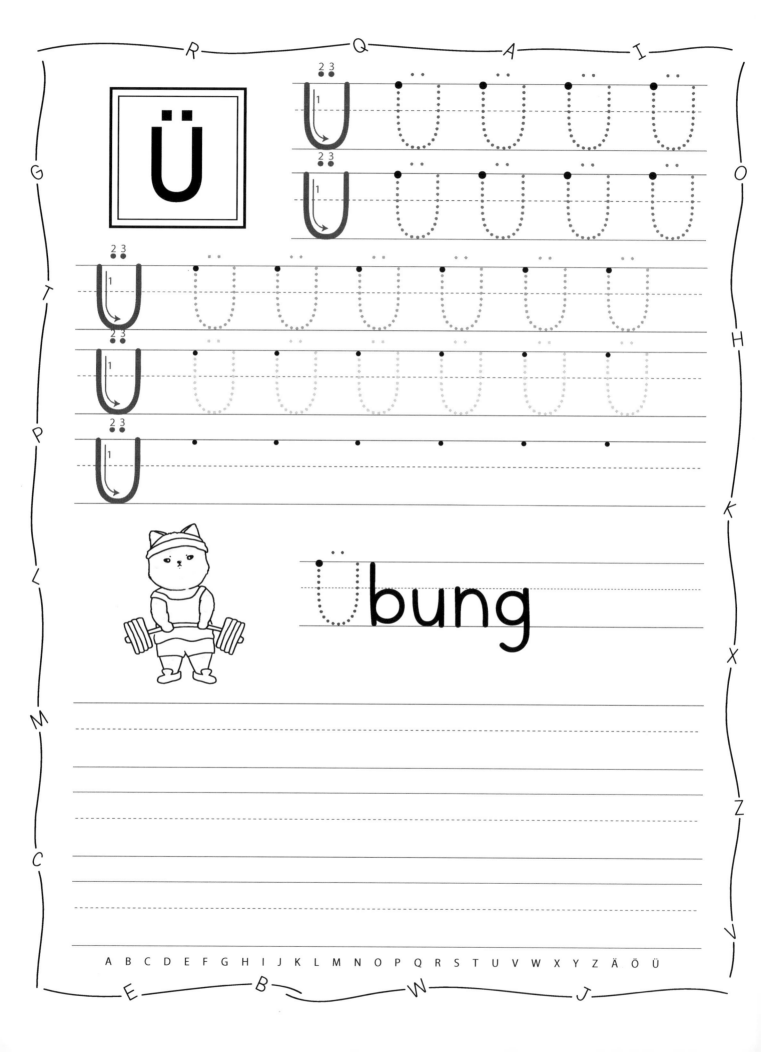

Ü

Übung

R Q A I

G

T

P

L

M

C

O

H

K

X

Z

V

A B C D E F G H I J K L M N O P Q R S T U V W X Y Z Ä Ö Ü

E   B   W   J

ü

Gemüse

r   q   a   i

g

f

p

l

m

c

o

h

k

t

z

a b c d e f g h i j k l m n o p q r s t u v w x y z ä ö ü ß

e   b   w   j

ß

Gießkanne

a b c d e f g h i j k l m n o p q r s t u v w x y z ä ö ü ß

Zahlen
Schreiben Lernen

AB 4 JAHREN

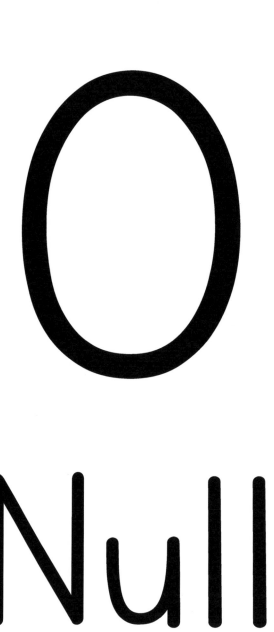

0

Null

0 1 2 3 4 5 6 7 8 9 10 11 12 13 14 15 16 17 18 19 20

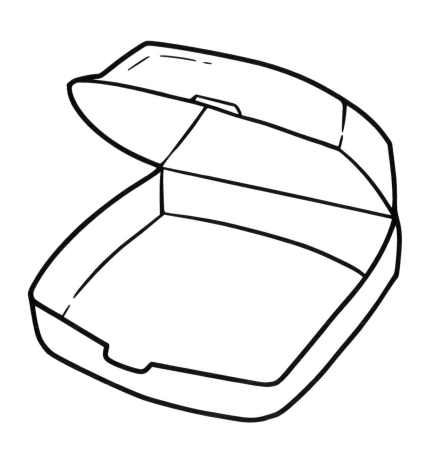

Null (Nichts)

0

O   Null

0 1 2 3 4 5 6 7 8 9 10 11 12 13 14 15 16 17 18 19 20

1

Eins

Eine Yacht

0 1 2 3 4 5 6 7 8 9 10 11 12 13 14 15 16 17 18 19 20

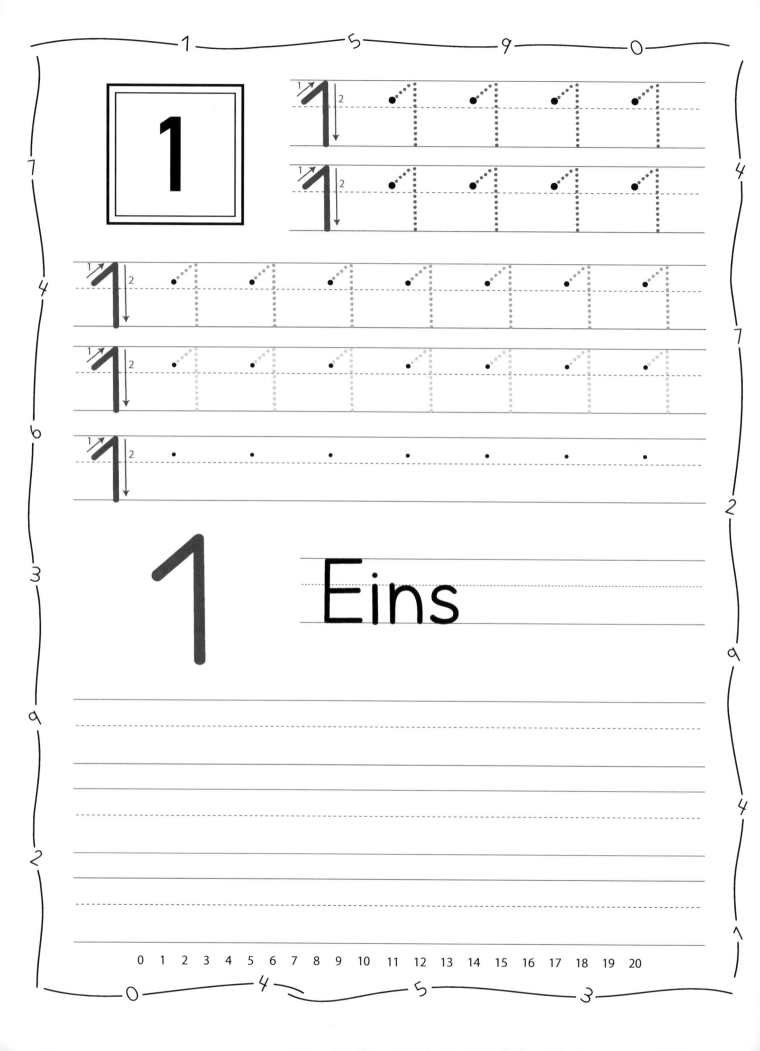

1

Eins

2

Zwei

0 1 2 3 4 5 6 7 8 9 10 11 12 13 14 15 16 17 18 19 20

Zwei PKWs

2

2 2 2 2
2 2 2 2
2 2 2 2 2 2 2
2 2 2 2 2 2 2
• • • • • • •

2 Zwei

0 1 2 3 4 5 6 7 8 9 10 11 12 13 14 15 16 17 18 19 20

3

Drei

0 1 2 3 4 5 6 7 8 9 10 11 12 13 14 15 16 17 18 19 20

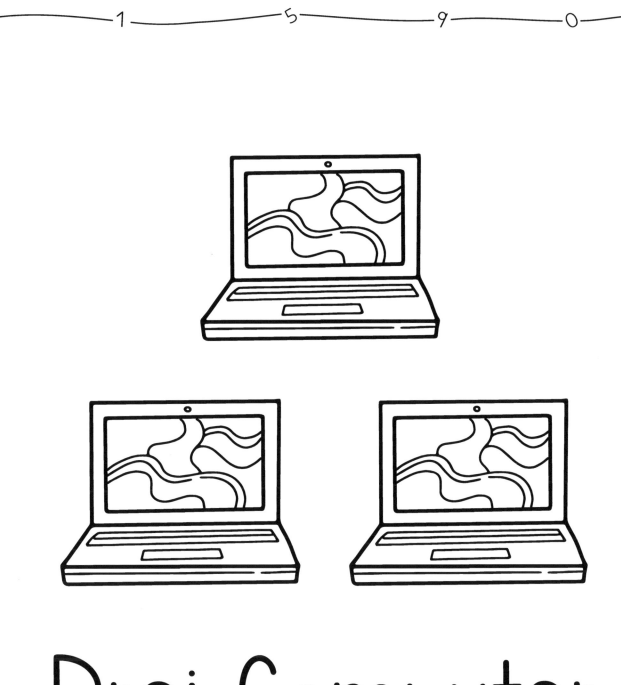

Drei Computer

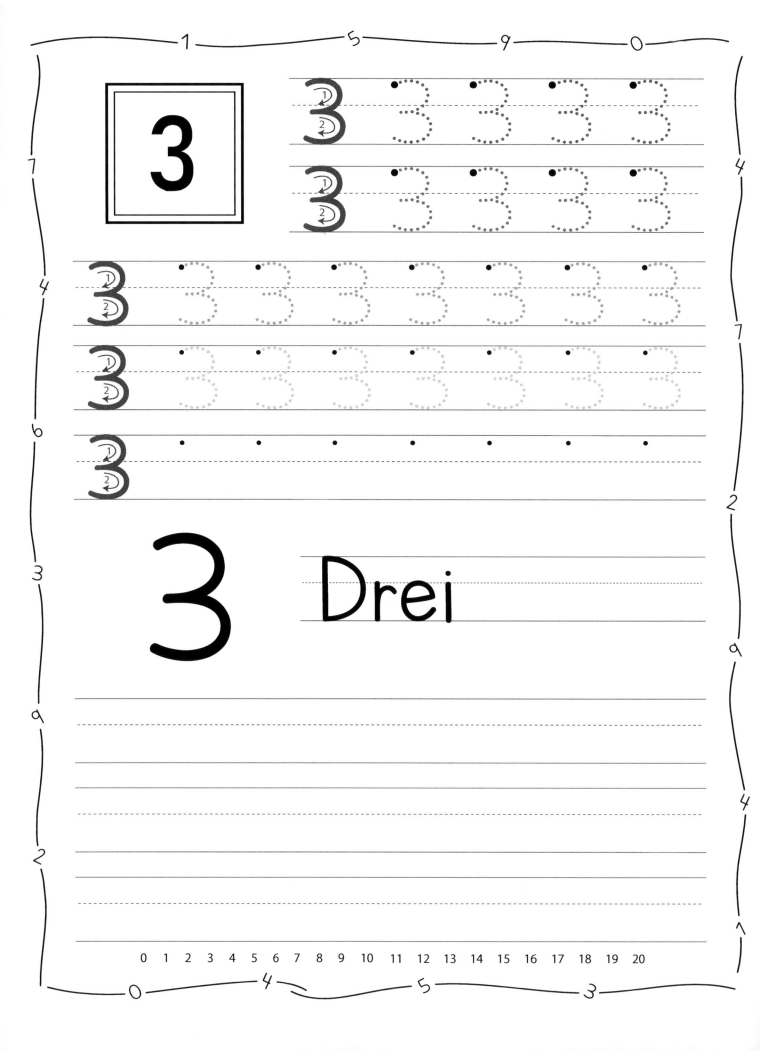

0 1 2 3 4 5 6 7 8 9 10 11 12 13 14 15 16 17 18 19 20

4

Vier

0 1 2 3 4 5 6 7 8 9 10 11 12 13 14 15 16 17 18 19 20

Vier Saxofone

0 1 2 3 4 5 6 7 8 9 10 11 12 13 14 15 16 17 18 19 20

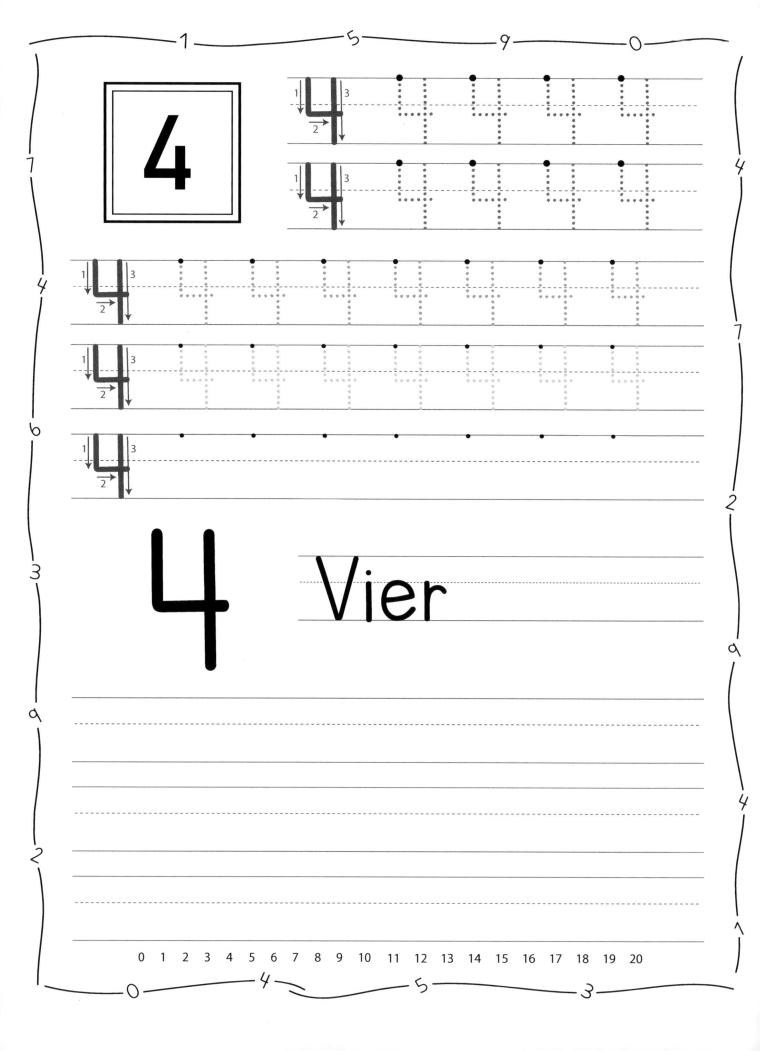

4

Vier

0 1 2 3 4 5 6 7 8 9 10 11 12 13 14 15 16 17 18 19 20

1 5 9 0

7

4

6

3

9

2

0 1 2 3 4 5 6 7 8 9 10 11 12 13 14 15 16 17 18 19 20

4

7

2

9

4

0 4 5 3

5

Fünf

0 1 2 3 4 5 6 7 8 9 10 11 12 13 14 15 16 17 18 19 20

Fünf Raketen

0 1 2 3 4 5 6 7 8 9 10 11 12 13 14 15 16 17 18 19 20

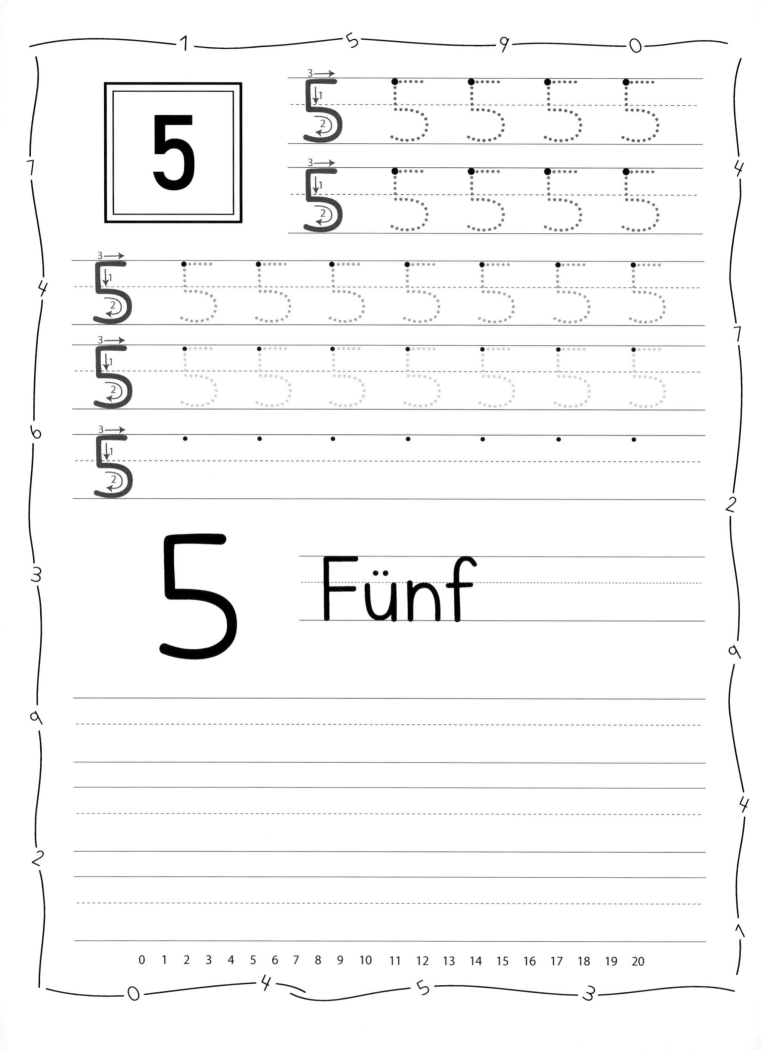

5

Fünf

6

Sechs

0 1 2 3 4 5 6 7 8 9 10 11 12 13 14 15 16 17 18 19 20

Sechs Pinguine

6

Sechs

0 1 2 3 4 5 6 7 8 9 10 11 12 13 14 15 16 17 18 19 20

0 1 2 3 4 5 6 7 8 9 10 11 12 13 14 15 16 17 18 19 20

7

Sieben

0 1 2 3 4 5 6 7 8 9 10 11 12 13 14 15 16 17 18 19 20

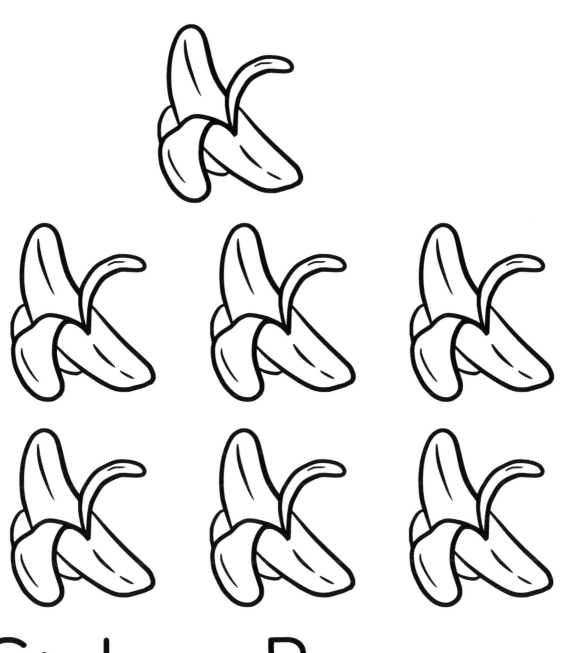

Sieben Bananen

7

7   Sieben

1   5   9   0

7   4

4   7

6

                                     2

3

                                     9

9

                                     4

2

                                     ?

0 1 2 3 4 5 6 7 8 9 10 11 12 13 14 15 16 17 18 19 20

0   4   5   3

8

Acht

Acht Karotten

8

Acht

0 1 2 3 4 5 6 7 8 9 10 11 12 13 14 15 16 17 18 19 20

q

Neun

0 1 2 3 4 5 6 7 8 9 10 11 12 13 14 15 16 17 18 19 20

Neun Marienkäfer

0 1 2 3 4 5 6 7 8 9 10 11 12 13 14 15 16 17 18 19 20

9

q Neun

0 1 2 3 4 5 6 7 8 9 10 11 12 13 14 15 16 17 18 19 20

7

4

6

3

9

2

4

7

2

9

4

^

0 1 2 3 4 5 6 7 8 9 10 11 12 13 14 15 16 17 18 19 20

10
Zehn

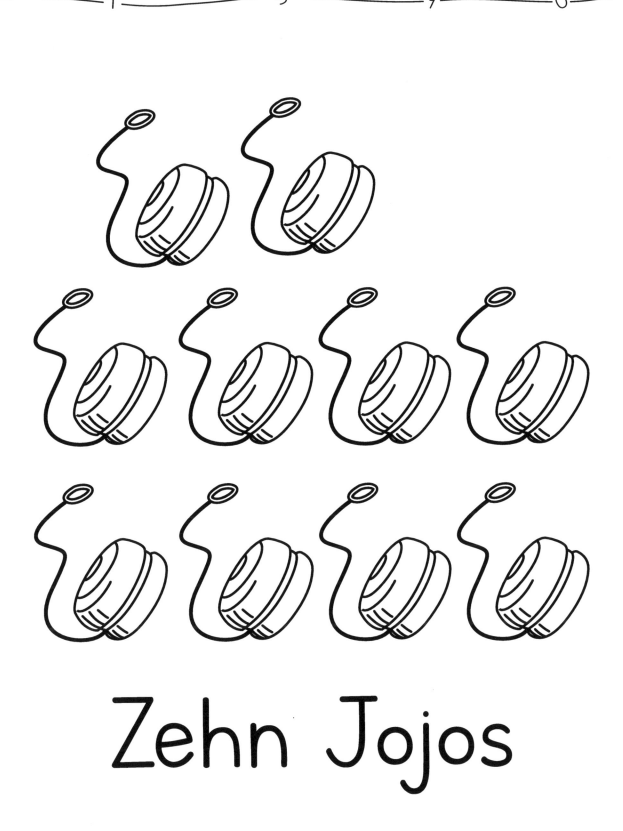

Zehn Jojos

0 1 2 3 4 5 6 7 8 9 10 11 12 13 14 15 16 17 18 19 20

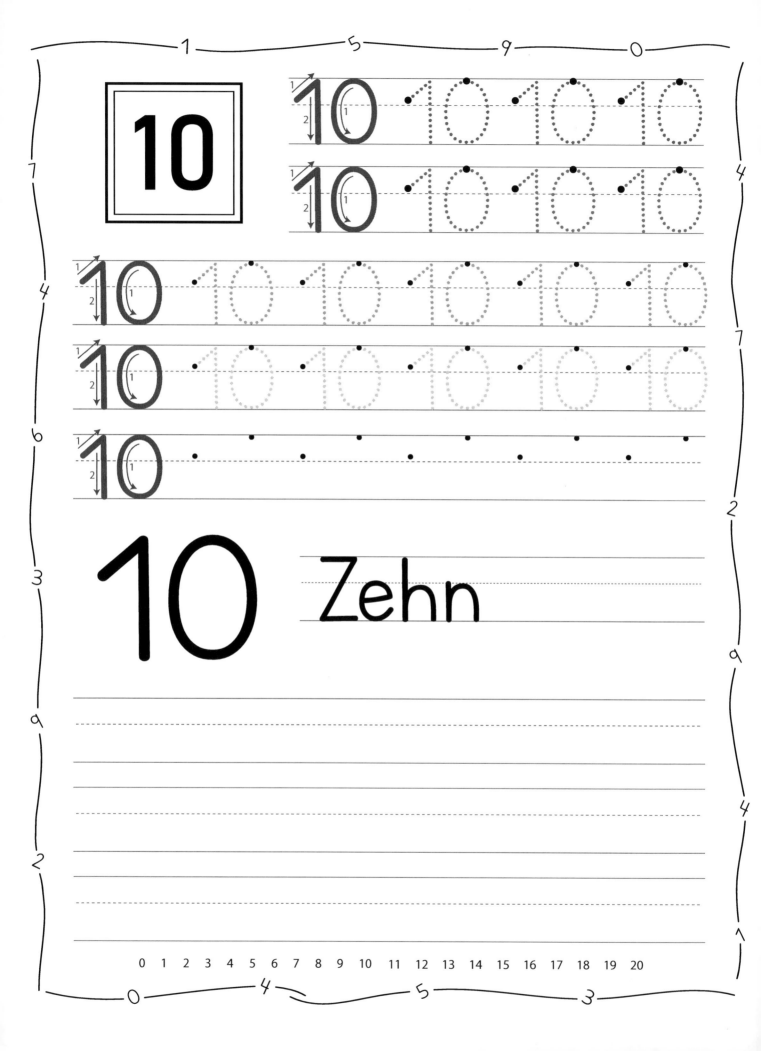

10

Zehn

0 1 2 3 4 5 6 7 8 9 10 11 12 13 14 15 16 17 18 19 20

0 1 2 3 4 5 6 7 8 9 10 11 12 13 14 15 16 17 18 19 20

11

Elf

0 1 2 3 4 5 6 7 8 9 10 11 12 13 14 15 16 17 18 19 20

Elf Kängurus

0 1 2 3 4 5 6 7 8 9 10 11 12 13 14 15 16 17 18 19 20

11

11

11 Elf

0　1　2　3　4　5　6　7　8　9　10　11　12　13　14　15　16　17　18　19　20

12

Zwölf

1 5 9 0
7 4
4 7
6 2
3 9
9 4
2 ^
0 4 5 3

0 1 2 3 4 5 6 7 8 9 10 11 12 13 14 15 16 17 18 19 20

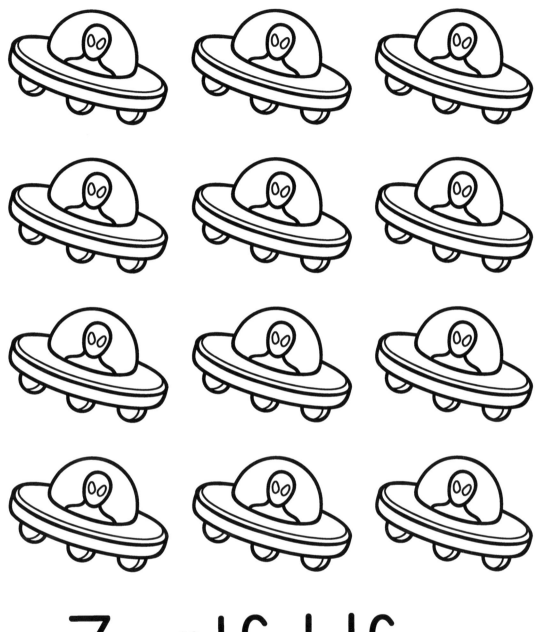

Zwölf Ufos

0 1 2 3 4 5 6 7 8 9 10 11 12 13 14 15 16 17 18 19 20

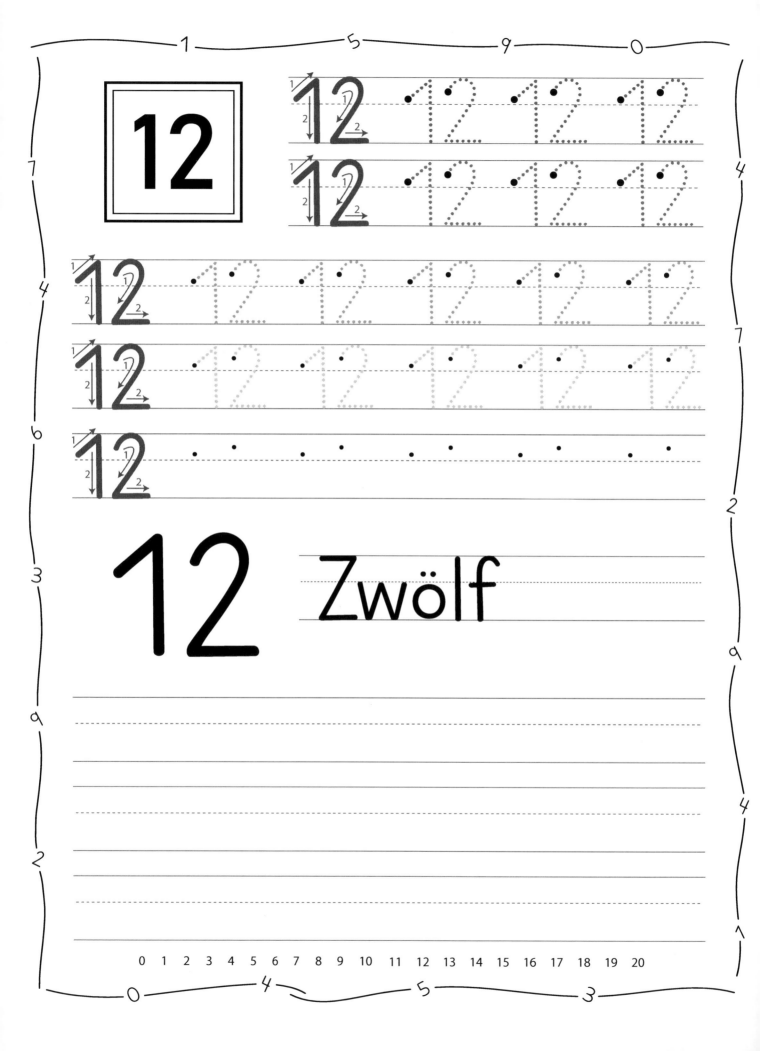

12

Zwölf

1 5 9 0

7 4

4 7

6 2

3 9

9 4

2 ^

0 1 2 3 4 5 6 7 8 9 10 11 12 13 14 15 16 17 18 19 20

0 4 5 3

13
Dreizehn

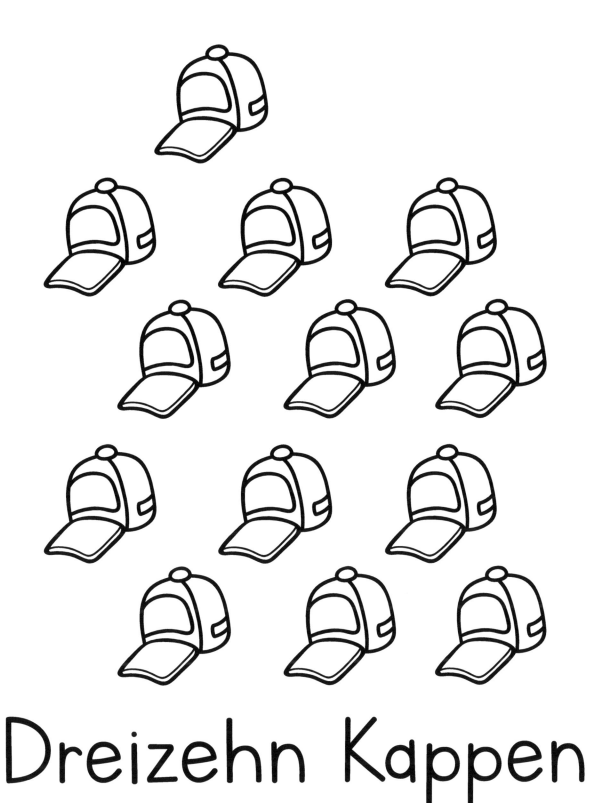

Dreizehn Kappen

0 1 2 3 4 5 6 7 8 9 10 11 12 13 14 15 16 17 18 19 20

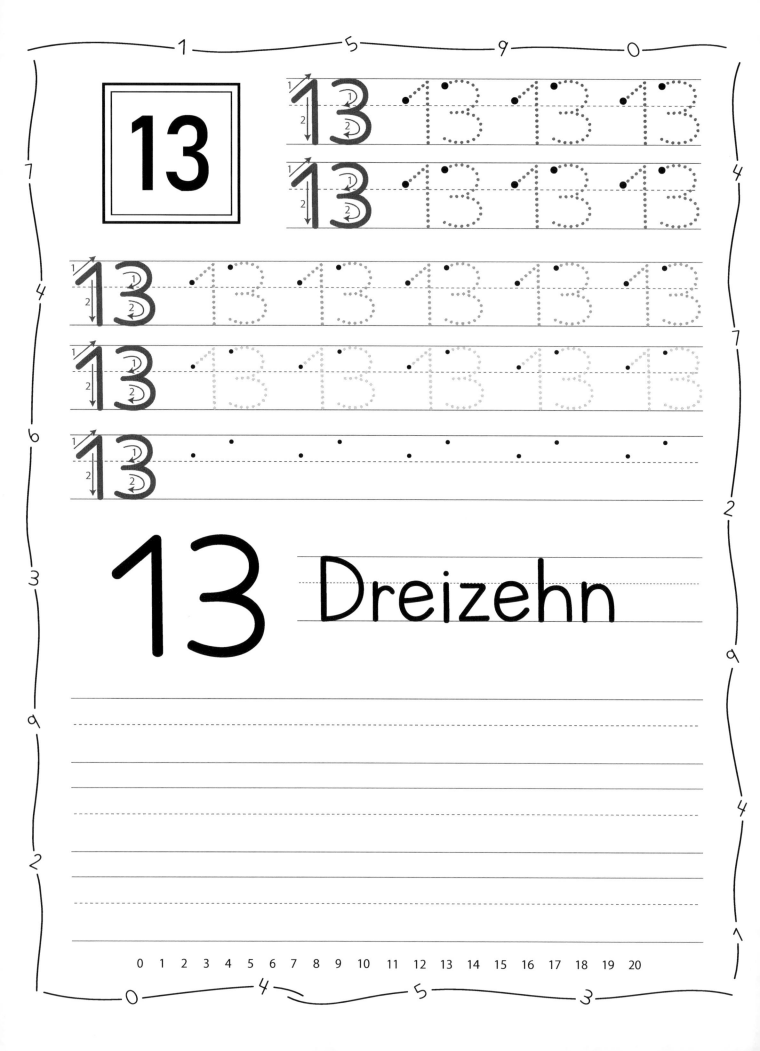

13

Dreizehn

1   5   9   0

7
4
6
3
9
2

4
7
2
9
4
^

0 1 2 3 4 5 6 7 8 9 10 11 12 13 14 15 16 17 18 19 20

0   4   5   3

14

Vierzehn

Vierzehn Fahrräder

0 1 2 3 4 5 6 7 8 9 10 11 12 13 14 15 16 17 18 19 20

14

Vierzehn

1 5 9 0

7 4

4 7

6 2

3 9

9 4

2 1

0 1 2 3 4 5 6 7 8 9 10 11 12 13 14 15 16 17 18 19 20

0 4 5 3

15

Fünfzehn

0 1 2 3 4 5 6 7 8 9 10 11 12 13 14 15 16 17 18 19 20

Fünfzehn Krabben

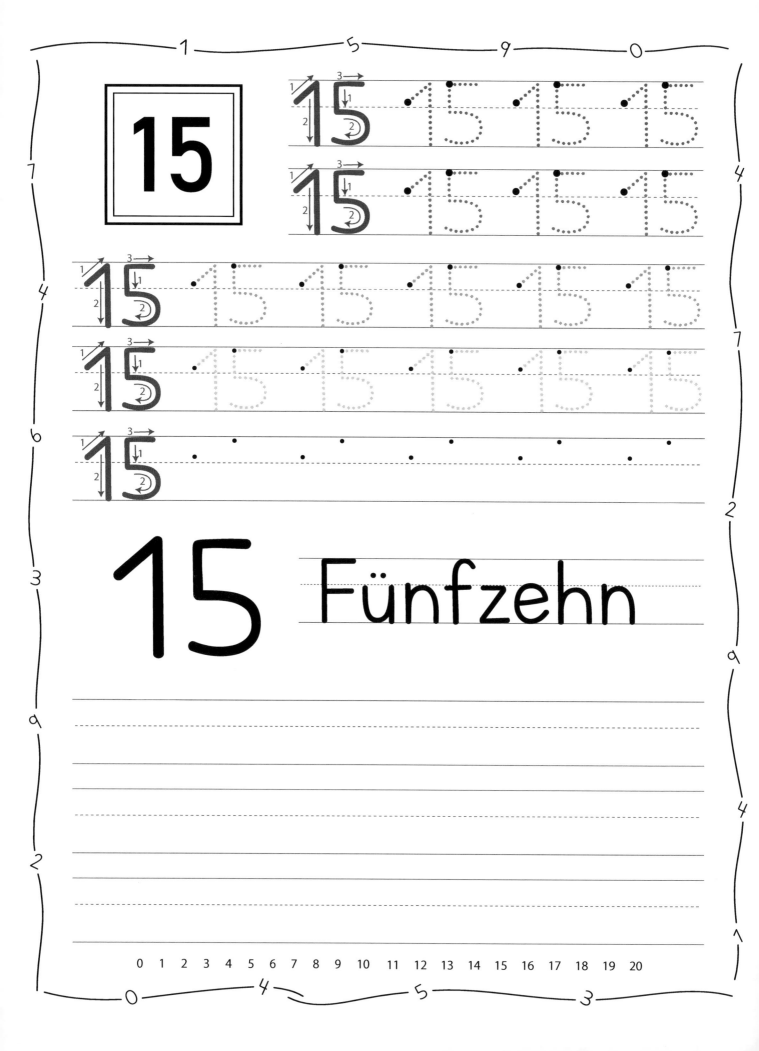

15

Fünfzehn

16

Sechzehn

0 1 2 3 4 5 6 7 8 9 10 11 12 13 14 15 16 17 18 19 20

Sechzehn Erdbeeren

0 1 2 3 4 5 6 7 8 9 10 11 12 13 14 15 16 17 18 19 20

16

Sechzehn

0 1 2 3 4 5 6 7 8 9 10 11 12 13 14 15 16 17 18 19 20

17

Siebzehn

0 1 2 3 4 5 6 7 8 9 10 11 12 13 14 15 16 17 18 19 20

Siebzehn Blumen

0 1 2 3 4 5 6 7 8 9 10 11 12 13 14 15 16 17 18 19 20

17

17 Siebzehn

0 1 2 3 4 5 6 7 8 9 10 11 12 13 14 15 16 17 18 19 20

18

Achtzehn

Achtzehn Schildkröten

0 1 2 3 4 5 6 7 8 9 10 11 12 13 14 15 16 17 18 19 20

18

Achtzehn

0 1 2 3 4 5 6 7 8 9 10 11 12 13 14 15 16 17 18 19 20

19

Neunzehn

Neunzehn Ananasse

0 1 2 3 4 5 6 7 8 9 10 11 12 13 14 15 16 17 18 19 20

0 1 2 3 4 5 6 7 8 9 10 11 12 13 14 15 16 17 18 19 20

20

Zwanzig

0 1 2 3 4 5 6 7 8 9 10 11 12 13 14 15 16 17 18 19 20

Zwanzig Kinder

0 1 2 3 4 5 6 7 8 9 10 11 12 13 14 15 16 17 18 19 20

20

20 Zwanzig

Helfe Maxi, seine Familie zu suchen!

Folge den kleinen Buchstaben des Alphabets, um den Weg zu finden

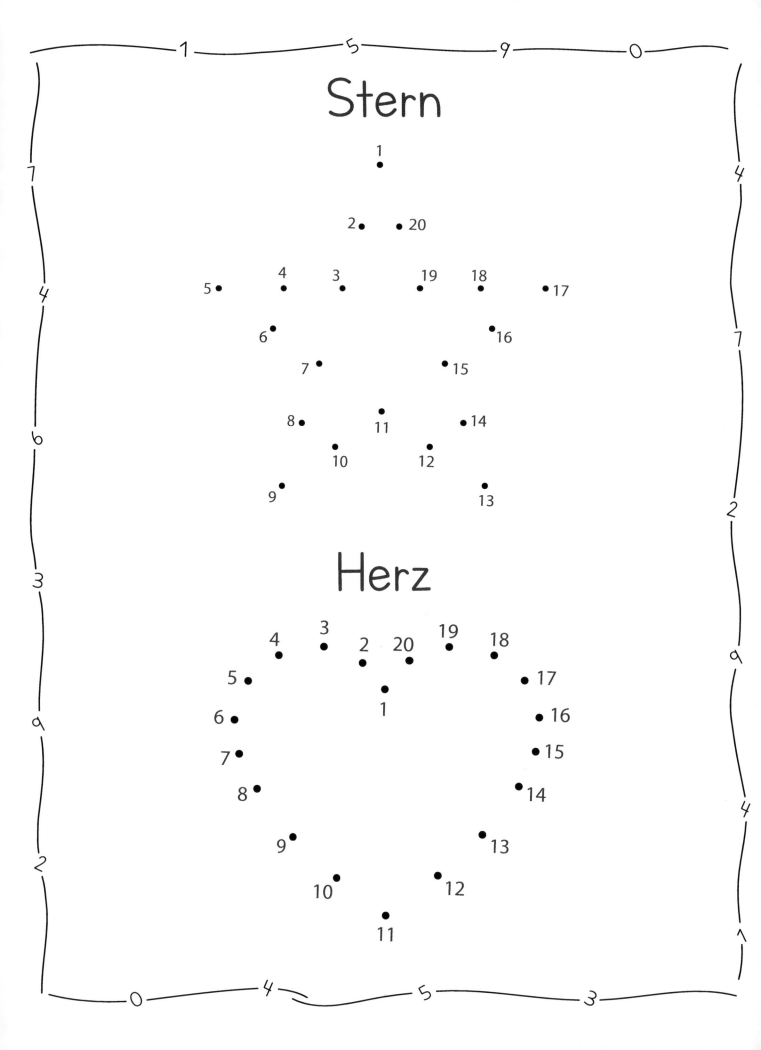

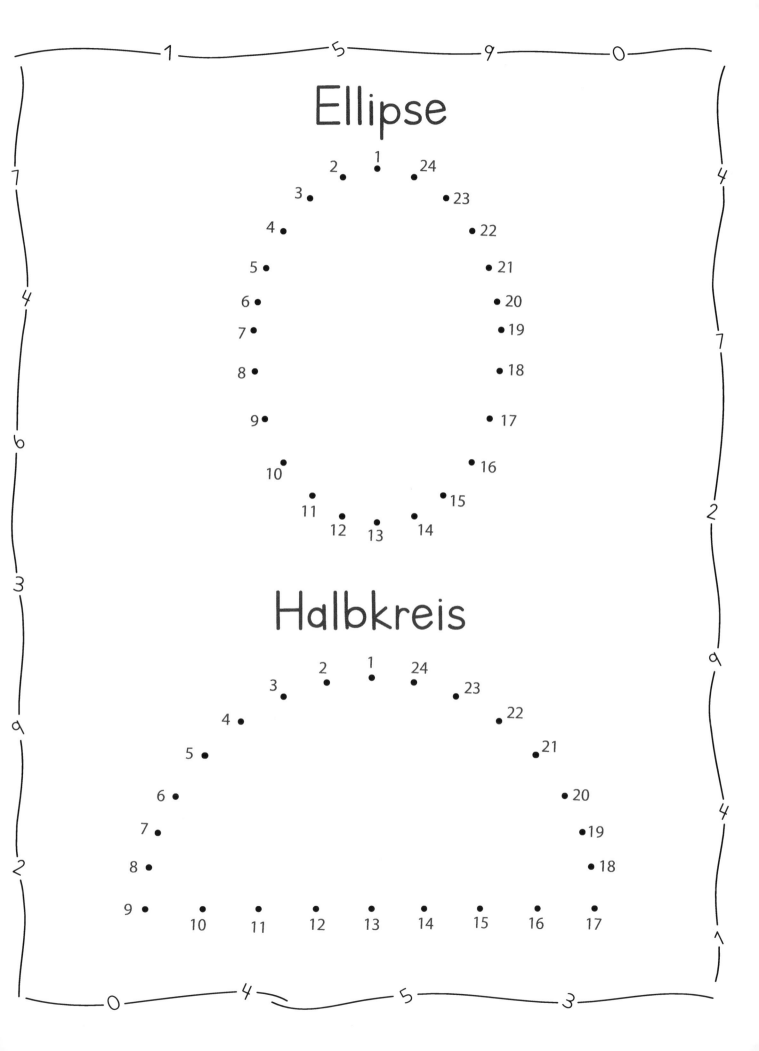

Ellipse

Halbkreis

Verbinde jedes Bild mit dem dazu gehörigen Wort.

Jo-Jo

Banane

Baby

Sonne

Rakete

Verbinde jedes Bild mit dem dazu gehörigen Wort.

 · · Waffeln

 · · Klavier

 · · Ufo

 · · Yacht

 · · Zug

Gebe den Blumen mit der Gießkanne etwas Wasser!

Folge den großen Buchstaben des Alphabets um den Weg zu finden.

Helfe Maxi, seine Familie zu suchen!

Folge den kleinen Buchstaben des Alphabets, um den Weg zu finden.

Zähle die Bilder und schreibe die Zahlen daneben.

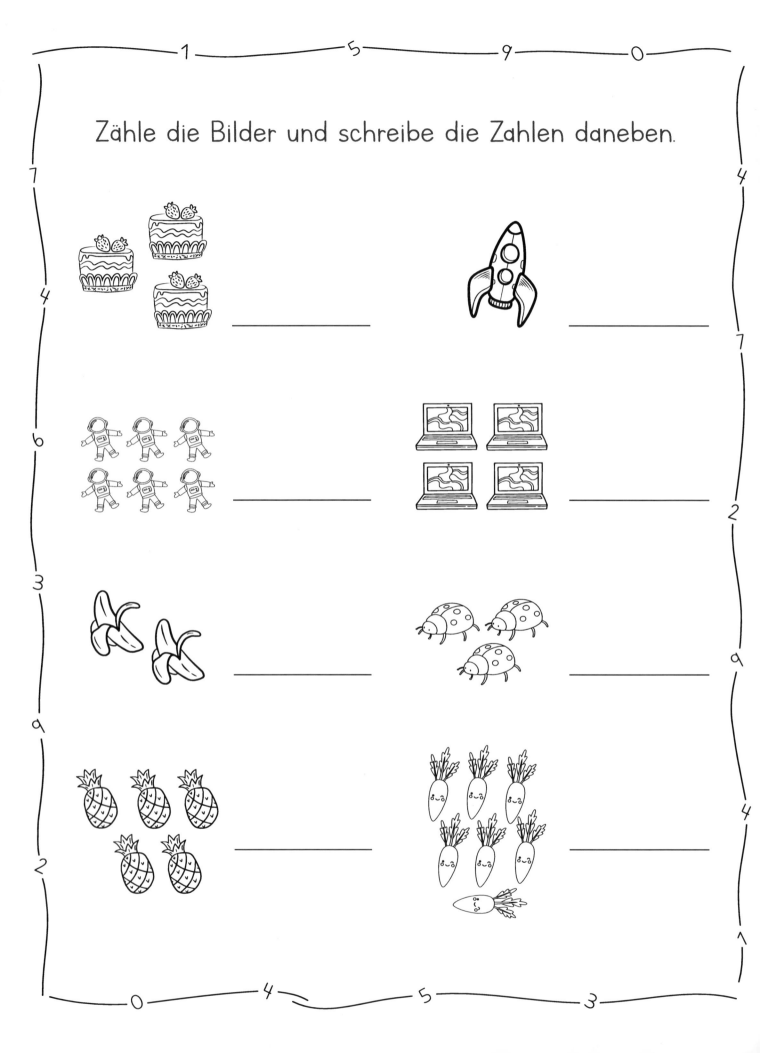

Zähle die Bilder und schreibe die Zahlen daneben.

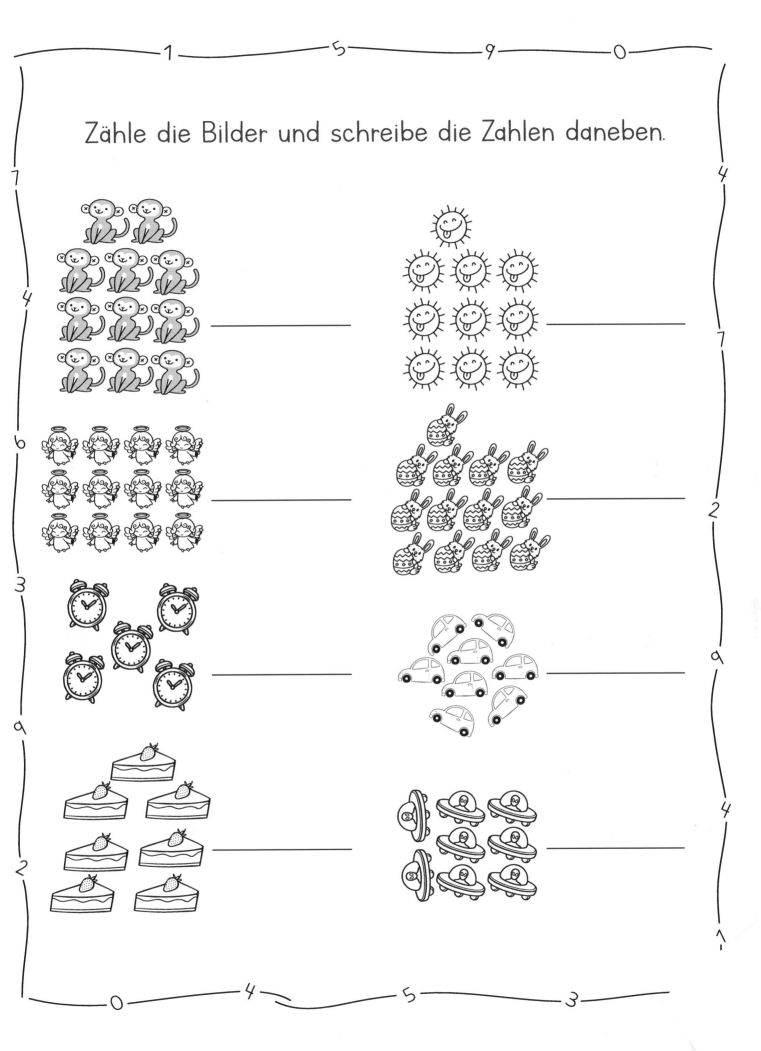

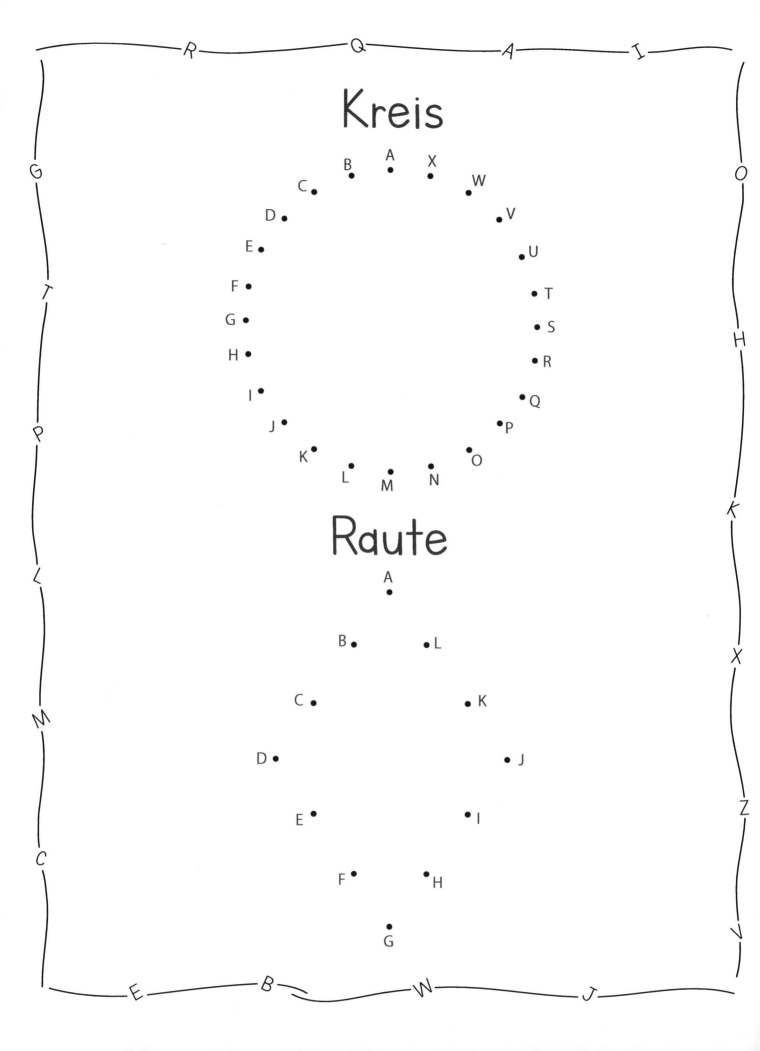

Kreis

Raute

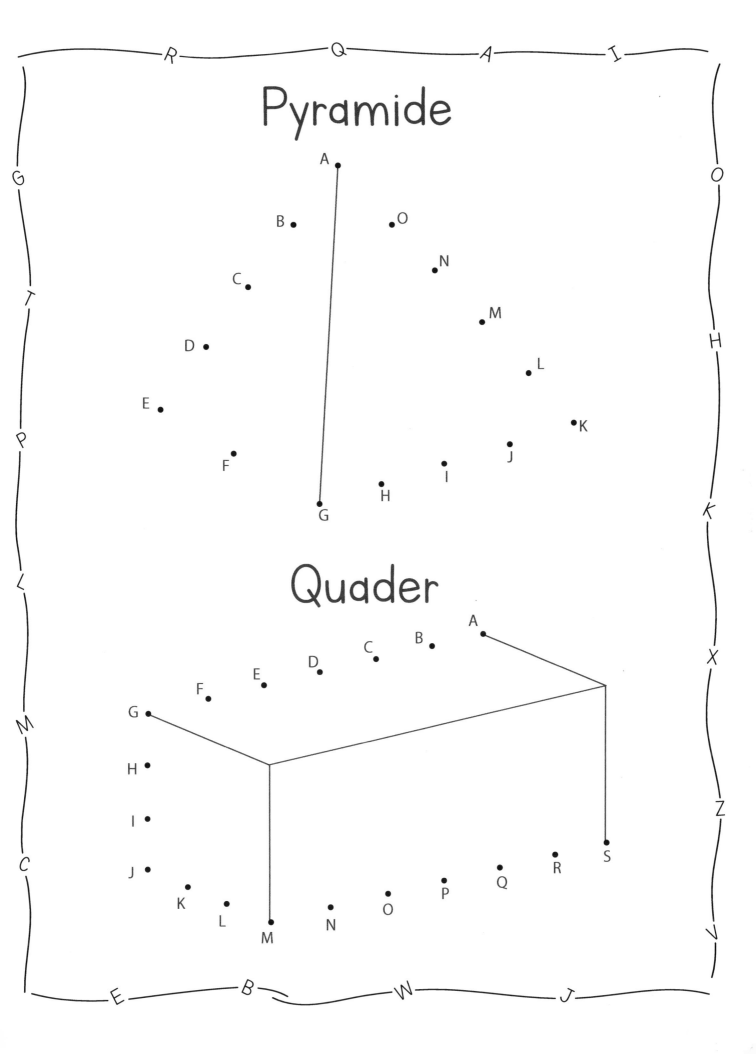

Pyramide

Quader

Verbinde jede Zahl mit dem passenden Wort.

2 ·   · Vier

7 ·   · Drei

4 ·   · Zwei

10 ·   · Sieben

3 ·   · Zehn

Verbinde jede Zahl mit dem passenden Wort.

19 ·   · Zwanzig

12 ·   · Siebzehn

20 ·   · Neunzehn

8 ·   · Acht

17 ·   · Zwölf

Der Affe hat Hunger und möchte gerne zu der Banane!

Folge den Zahlen, um den Weg zu finden.

Erkenne das Wort und folge den richtigen Buchstaben, um den Weg zu finden!

Zähle die Bilder und schreibe die Zahlen daneben.

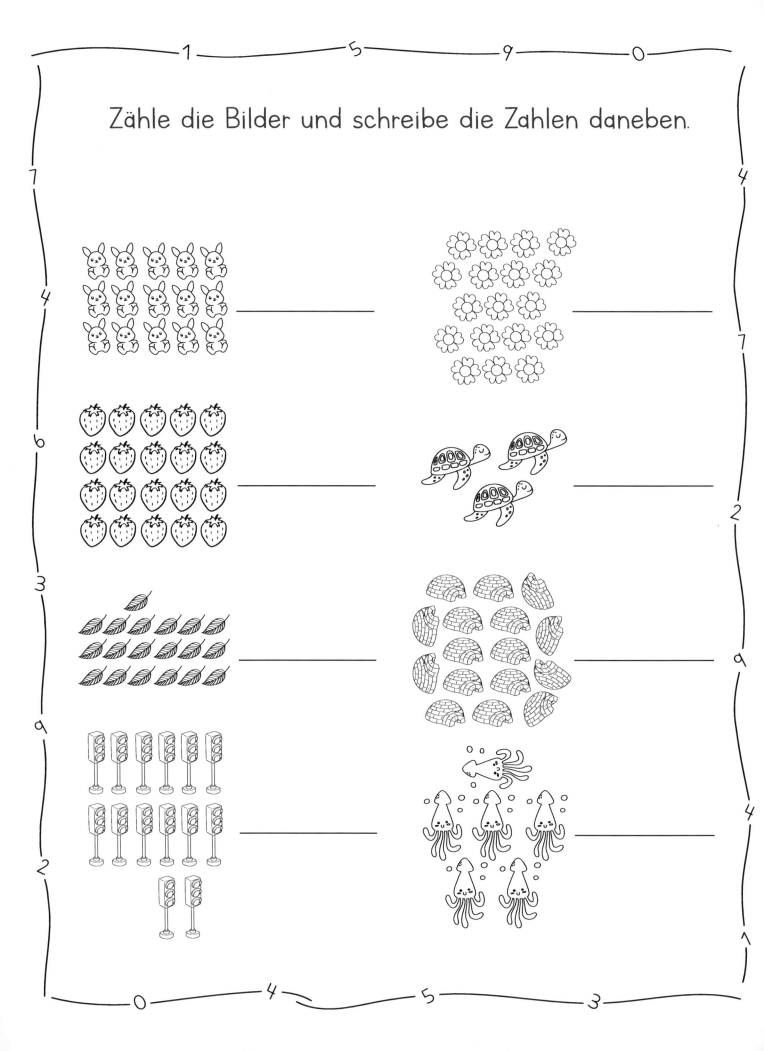

Zähle die Bilder, schreibe die Zahlen und Wörter daneben.

Addiere und schreibe das Ergebnis als Ziffer.

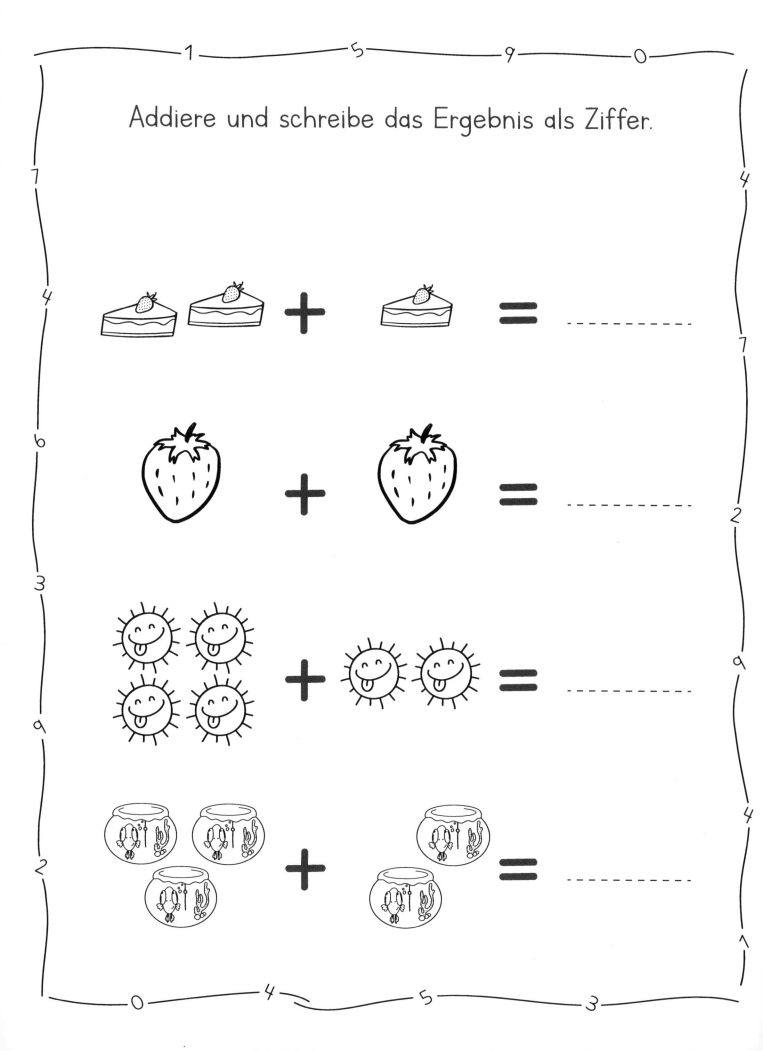

Subtrahiere und schreibe das Ergebnis als Ziffer.

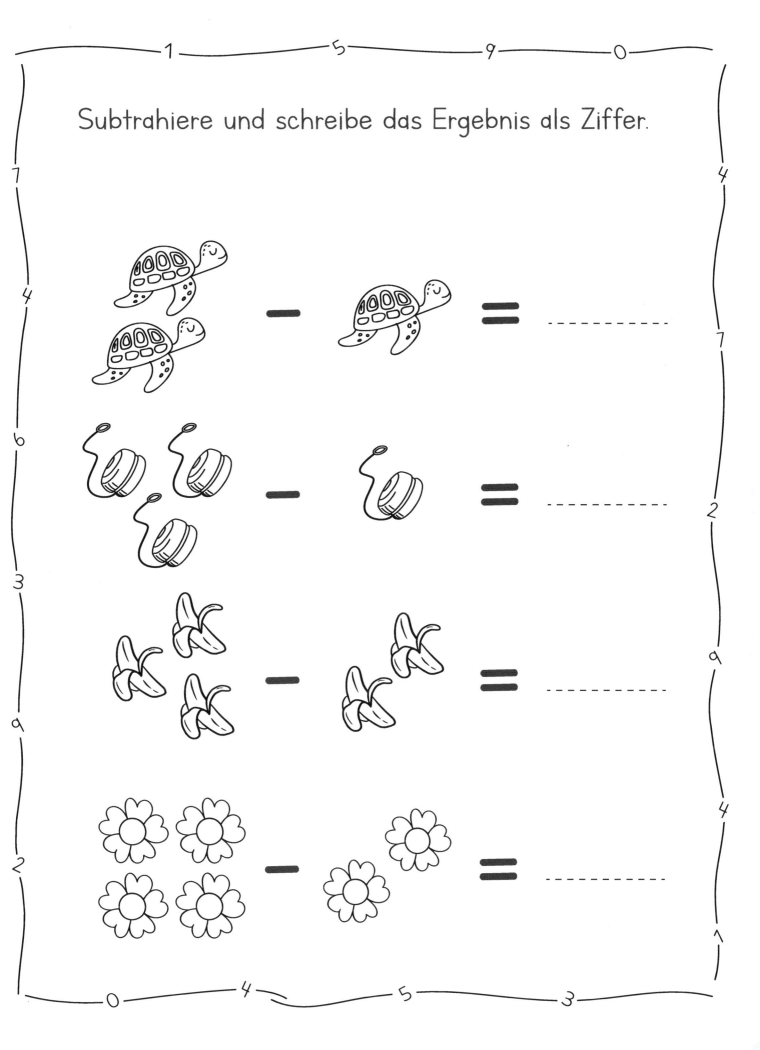

Was gehört zusammen? Ziehe Linien, um zu verbinden.

Finde die Wörter in der Wortsuche und ziehe eine Linie um sie!

```
X S Y H O E L J
Y B M N S T G L
L Y B A B T S P
O R H D X O S K
P P O F U R U W
H P I Z Z A L J
O F H J K K F J
N A K L U V Z J
```

FLUSS   XYLOPHON

UFO   BABY

PKW   PIZZA

VULKAN   KAROTTE

SCHULSTAR

Impressum
© Schulstar

1. Auflage Mai 2021

Kontakt: Schulstar, Ronny Charles Buchleitner
Moosburger Str. 3 – App. 4 - 85462 Eitting (Gaden)
ronnybuchleitner@outlook.de

Cover- und Grafikgestaltung: M. L. Int. Coverdesign, MA

Printed by Amazon Italia Logistica S.r.l.
Torrazza Piemonte (TO), Italy

35664935R00138